お客さまにもスタッフにも
愛されるお店の

# 「ありがとう」の魔法

福島雄一郎
Yuichiro Fukushima

Discover

# まえがき

私は現役のドコモショップ店長です。

店長の仕事ってどんな仕事？

販売の仕事に携わる人はもちろん、お店で買い物をしたり、学生時代にアルバイトをしたり、ときにはクレームを言ったりなど、誰もが何らかのかたちで、「店長」という存在とかかわりを持っているものと思います。

また、自分のお店を持ってみたいという憧れをもって店長を目指す人も、少なからずいらっしゃるのではないでしょうか。

店長として店舗を持つと、さまざまな課題と出くわします。

店舗で出てくる課題は、10や20ではありません。

それをひとつずつ解決していくのが、店舗の責任者である店長の役目です。

そうした経験のなかで積み上げてきたノウハウを本書にまとめました。


店長とは、「現場スタッフ」と「お客様」とつねに密にかかわり合いながら、大小さまざまな問題の解決を日々求められる、**会社の最前線を担う経営者**です。

企業組織で部長や課長を経営者とはいいませんが、店長だけは、〝お店の経営者〟ということができるでしょう。それゆえに、着任してしばらく経つと、店長の仕事について誰も教えてくれなくなります。正しくは「教えてくれなくなる」のではなく、そのお店のことは店長にしか分かりませんから、そこで店長が何をすればいいかについては、誰も「教えてあげることができなくなる」のです。

また、これまでの経験と人間性が試されるという意味で、店長という仕事は、得られることの多い学びの場でもあります。


そんな現場を経験して、今年で15年が経ちます。私が初めて店長になったのは

13年前。当事は派遣社員だった私ですが、2年という短い期間でのスピード昇進でした。派遣なのに店長……当時としても珍しい人事です。

そうして、これまで10店舗の改装や移転、立て直しなどに携わってきました。

つまり、1～2年の周期で、次の店舗へと移動を繰り返してきたわけです。


新しい店舗に着任する際のあいさつで、私はこれから一緒に働くことになるスタッフに必ず、次のような言葉を伝えるようにしています。


「僕が店長として働くうえでいつも大切にしていることを最初に話しますね。

それは本当に単純なことです。

**〝みんなが働きやすい職場をつくる〟**。それだけです。


日々働いていると、いろいろなことがあると思います。

体調の悪い日や、やる気の出ないときもあれば、誰かのなにげない優しい言葉が、無性に嬉しい日もありますよね。

がんばれる日もあれば、がんばれない日もある。

大切なのは、**〝一人で働いているのではない〟ということに気づくこと。**

これから一緒にチームとして働くみんなと実践していきたいこと、それは次の3つです。


**「協力すること」「愛すること」「感謝すること」**


これらの言葉はすべて、周りに対する思いやり、〝思いやりの実践〟です。

これは私がどの店舗でもずっとブレることのないテーマです。

これができれば、必ず〝働きやすい職場〟になると思うのです」


初顔合わせからこんなことを言っているので、店舗のスタッフからはいつも、「変な奴が来たぞ」と思われているようです。

それでもなぜ、こんなきれいごとを言い続けるのか？　それは、本書を読み進めていただくことで、だんだんお分かりになっていただけるものと思います。

新たな仕事に臨むとき、職場をよりよいものにしていこうとするとき、自分の仕事に対する考え方が定まっていないかぎりは、自ら何かを変えることはできません。

私が受け持ってきたのは決まって、売上が悪いなどの問題のある店舗でした。そこにもやはり、「仕事に対する基本的な考え方」がありませんでした。

職場の社員全員に存在価値を自ら感じてもらうこと、そのうえで、チームとして周りのために働くこと。それは、どの職業にも共通する「協力、愛、感謝」という思いやりの精神をつちかうことがベースとなります。

私は、毎日の朝礼や新人育成の場、あるいは問題が発生したときの解決案として、この基本に何度も何度も立ち返ることにしています。

「ありがとう」という言葉や思いやりの精神が大事といわれても、そんなことは当たり前じゃないかと、物足りなさを感じる人もいらっしゃるでしょう。

しかし私が感じてほしいのは、その当たり前の言葉の奥にある、働くうえでのヒントです。みなさんの日々の仕事や、ともに働く仲間たちのことを思いながら本書をお読みいただければ、みなさんそれぞれにとっての答えが見えてくるはずです。そしてそれは、どの職業・職場にも当てはまることと思います。

答えは日常の「当たり前」のなかに存在しているのです。

私の実体験に基づくエピソードと、そこから得られる学びを通じて、「チームとして働くことの意味」「店長の役割」について、みなさんそれぞれのお考えを深めていただければ幸いです。

（なお、本書に登場する人物の名前はすべて仮名です）

お客さまにもスタッフにも愛されるお店の

「ありがとう」の魔法

# もくじ

まえがき 1

*1* みんなに必要な人財になる 12

*2* 恩送りをする 18

*3* 片づけの習慣をつける 23

*4* 職場のみんなにあいさつをする 32

*5* 相手のあいさつを「こだま」する 38

*6* あいさつに、気づかいの言葉を添える 44

*7* 思うだけでなく、伝える 48

*8* 誕生日は、神様からのプレゼント 54

9 スタッフ全員をフルネームで覚える 60
10 人生時間を「見える化」して考える 64
11 人からもらっている時間を意識する 70
12 人に協力する 78
13 困っている人を助ける 84
14 「ありがとう」が集まる職場をつくる 88
15 幸せになる人の法則 94
16 仕事で言ってはいけない言葉 101
17 一番でないとダメですか？ 108

18 自分の貢献度を考える 112
19 自分のためでなく、誰かのために働く 116
20 伝え続ける 122
21 本音を伝え合う 128
22 ほめる 136
23 ねぎらう 142
24 機嫌で仕事をしない 146
25 職場の全員と話をする 152
26 経験したことのないことにチャレンジする 160

27 失敗を成長の糧にする 166
28 人を動かすときに大切なこと① 176
29 人を動かすときに大切なこと② 180
30 がんばりすぎない環境をつくる 186
31 自分の役割を再確認する 192
32 新しい「驚き」を与える 198
33 使命感で働く 206
あとがき 212
巻末付録 店長のノート 222

# 1

# みんなに必要な人財になる

会社には、さまざまな人が集まり、働いています。
同じ仕事でも、人によって、その効率も違い、成果も変わってきます。では、私たちはどのような人材を目指すべきなのでしょうか。

私がまだ新入社員だった頃の話です。私に仕事の基礎を叩き込んでくれたのが内土井店長[1]です。店長はとにかく仕事に厳しく、毎朝の朝礼はいつもピーンと張りつめた空気が流れていました。

ある日の終礼で、全スタッフが集められました。ホワイトボードも用意されています。「これは、いつもより長くなるぞ。残業になるのか」と思いつつも、話に集中しようと覚悟を決めました。

「今日はあんたたちに、どんな社員を目指してほしいかを話すわ。

みんなそれぞれ派遣社員だったり、契約社員だったり、正社員だったり、いろんな雇用形態で働いていると思うけど、働く仕事の内容は同じよね。じゃあ、違うのは何？　はい。福島！」突然、当てられて戸惑う私でした。

「き、給料ですか」言いにくいと思いながらも、おそるおそる答えてみました。

「そうね。確かに給料が違う。じゃあ、それは何で？」

「正社員だから……」当時、何も考えずに働いていた私の脳みそでは、これが限界の答えでした。

「正社員だから給料がいい。派遣社員だから悪い。仕事＝給料と考えて、給料に見合った仕事をすればいい。その考え方ではダメだよね！

確かに給料は働いた成果だから、会社に必要とされている人の給料は、それ相応じゃないとおかしいよね。でも、その給料を決めるのはつねに、周りからの評価なのよ。

※1内土井店長については、私の新人時代のエピソードをまとめた前作『「ありがとう」があふれるお店の新米店長のノート』（ディスカヴァー刊）にも登場しています。

給料をもらうたび、いまの自分は会社にとってどんなジンザイなのかを考えてみて。ジンザイといっても、いろいろあるのよ」

そう言って店長がホワイトボードに書き出したのが、次の言葉です。

「人災」「人罪」「人材」「人財」

「会社で働くジンザイは、この4つに分けられるの。

**「人災」**は、その人がいると、周りに迷惑をかける災難な人ね。

**「人罪」**は、言い方は悪いけど、ただの給料ドロボウ。いること自体が罪ね。

**「人材」**は、会社に使われている人、自ら何もできない人ね。

**「人財」**は、会社の財産であり、価値のある人よね。

さあ、自分はどのジンザイ？」

店長はマーカーを置いて、全員の顔を見わたしました。

同時に、私の脳裏に浮かんだのは、「人罪」となる人の顔でした……。

その矢先、店長と目が合ってしまいました。

「福島！　いま何を考えている？」

突然名前を呼ばれて、私はドキッとしました。

「いえ、『人財』になりたいなと……」冷や汗がびっしょりです。

「そうよね！　一般的に使われている『人材』ではないの。仕事をするうえで目指すのはただひとつ、『人財』なのよ」

店長は最後にそう締めくくって、終礼を終えました。


この話を聞いてから、私は、自分は上司からどう評価されているのかを深く考えながら仕事をするようになりました。上司だけではありません。私が「人罪」と聞いて、頭のなかで誰かの顔を思い浮かべたように、**同僚や後輩もまた、同じ基準で自分のことを見ているのです。**

いつも指示待ちで、自ら考え行動できない人は、ただの「人材」です。そして極論すれば、「人材」は募集さえすれば集まります。

今回のように4つのジンザイに分けて考えると、自分の存在価値というものを考えるきっかけになるのではないでしょうか。

あなたはいま、どんなジンザイですか?

MANAGER'S NOTE
店長のノート01

## あなたの会社に必要な「人財」とは、どんな人？

・社員は会社の見えない財産。
・あなたの業界の労働分配率はどのくらいだろう。
・「ありがとう」と言われる人財とはどんな人か、考えてみよう。

# 2 恩送りをする

会社にとって人材育成はとても大切なことです。

私たちは、人の育成にどんな思いで携わっていけばよいのでしょうか。

以前このことについて、ある研修で面白い話をうかがいました。


「職場には、お父さんとお母さんが必要なのです」

講師の先生の突然の発言に、私たちは思わず「え？」と聞き直しました。

何の話かと思っている私たちに、先生は話を続けました。

「福島さん、では質問します。家庭で父親と母親は、どんな関係ですか？」

「ええと……それぞれがお互いの役割で働いて……」

そんなことは考えたこともなかったため、私は急な質問に戸惑いました。

「そうですね！　家計が赤字にならないように働き、子育てに関しても相談し合い、助け合い、役割分担する――そんな協力関係です。夫婦が信頼し合い、協力し、愛情をもって子育てできているのは、円満な家庭です。子どもたちも安心して生活していくことができます。

そして……みなさんが一日の半分以上を過ごす職場は、家庭と同じくらい、もしくは、それ以上に大切な場所ですよね？」

「はい」私も同感してうなずきました。

「そこで働く人々は、家族と同じように、自分にいろいろな影響を与えてくれる人たちです。そう考えると、社員が安心して生活を送るために、職場にも父と母、またはその代わりが必要ではないでしょうか。

では、職場での父と母って誰だと思いますか？」

先生は続けて、私に聞いてきました。

「ええと……」またもや、私は何も答えられません。

「福島さん。職場での父と母は、後輩を育てる立場にある、あなたたちです」
「職場では、あなたたちが会社が赤字にならないように働き、そして、後輩を育てることに関して、相談し合い、助け合い、役割分担する、そんな協力関係を持つことが大切なのです。家族に家系があるように、社会もまたそうやって、次の世代へつながっているのです」

ある企業では、新入社員の入社式に、その年に入社する社員全員の親御さんから息子・娘へ向けた手紙を預かり、それを全社員へ向けて朗読するという話を聞いたことがあります。毎年、どの手紙も親の愛情が感じられる、素晴らしい内容だそうです。

この話を聞いたとき、2つの意味があると思いました。
ひとつは、新たな社会人となる新入社員に、ここまで育ててもらった家族への感謝の気持ちをあらためて感じてもらいたいということ。

もうひとつは、会社としても、そんな大切な子どもを預かっているということを、すべての社員に意識してもらいたいということです。

いまでは私も、同じ気持ちで、社員の育成に取り組んでいます。

自分たちの職場に新たな社員が入社したとき、親御さんに代わり、今度は私たちが愛情をもって大切に育てていくという気持ちで指導をしています。

先生の言葉を借りれば、**そこで働くスタッフ全員が信頼し合い、協力し合い、愛情をもって成長を手助けし合っている――そうした関係を築くことができている職場は、円満な職場です。**

そんな職場だったら、社員も安心して社会生活を送ることができますよね。

MANAGER'S NOTE
店長のノート02

## スタッフにとって、
## 店長であるあなたは
## どんな存在ですか？

・愛情をもってスタッフを育てているだろうか？

・スタッフにとって、職場は一日の大半を過ごす、もうひとつのわが家。

・親のおかげで自分があるように、先輩や同僚のおかげで社会人としての自分がいる。そのことを意識して、後輩や新人に接しよう。

# 3

# 片づけの習慣をつける

「職場が汚いと、そこで働く人の心も汚れてしまう」

「だから、汚い職場では売上はあがらないし、人は辞めていく」

これが、私が10店舗の店長を経験するなかで身をもって実感したことです。

職場をきれいにする活動を、ビジネス用語で5Sといいます。**5Sとは、「整理、整頓、清潔、清掃、しつけ」。**私は何よりこの5Sを徹底的に定着させるようにしています。

職場をきれいにすることが、なぜそれほどまでに大切なのか？　これまで働いてきた職場のなかでもっとも汚かったお店のエピソードをお話ししましょう。


そのお店に転勤になったのは、年越しせまる12月中旬のことでした。

こんな時期の異動など通常ありません。「とにかく行ってくれ」。上司からのこのひとことだけで、私はその店に配属となりました。


出勤初日。裏から事務所に入った私を出迎えたのは、真っ白なタバコの煙。

「すごいな、これは……」私が最初に発した言葉でした。

その職場は、事務所内にタバコの煙が蔓延していたのです。それもそのはず、事務所内を見ると、あらゆる所に灰皿が散乱しているのです。灰皿だけではありません。机の上は、ハサミやボールペンなどの備品や書類などがちらばって、ゴミ箱同然。物をどかしながらでなければ作業する場所もありません。

なぜそんなことになってしまったのか？


「掃除してる？」そう聞いてみたら、驚く言葉が返ってきました。

「え？　掃除は普通にやっていますよ」

なるほど、ずっとこの環境で働いてきた人から見ると、これは普通なんだ。

これは思い切った「心の清掃」が必要だぞ、と思いました。

今年もあと数日という12月の暮れ。

**すべては、職場のみんなに新年を新たな気持ちで迎えてもらうため……。**いまの状況を、いまのメンバーで片づけるのは難しいと判断した私は、正月休みを返上する決意を固めました。


仕事納めを終え、みんなが帰宅した後、私の仕事は始まりました。

引き出しの中身をすべて外に出し、すべての書類を見直し、机や棚の位置を変え、食器を洗い、流しを洗い、床を磨きました。

不要なものはすべて捨て、汚れているものは徹底して磨いたのです。

たった一人、大晦日の夜から元日、2日と泊り込みで、3日間かけて徹底して事務所の掃除をした結果、その職場は見違えるようにきれいになりました。

仕事はじめの日。出勤してきたみんなから声があがります。

「えぇー！　まったく違う職場みたい」

「すごい……（言葉にならない）」

「どこに何があるか分からない……」

「あれ？　捨ててしまったんですか??」


年明け早々職場が一変していることに、誰もが驚いていたようです。

この日を境に、確実にみんなの意識は変わったと思います。

「この職場で働くには、いままでと同じではダメだ」

職場がきれいになったことで、心機一転しなければという気持ちがみんなのなかに芽生えたのです。


「せっかくきれいにしたのだから、これを維持していきませんか？　でも一人でやるのは大変だし、今回も相当時間かかったんだよ。

だから、みんなにも少しずつ担当ゾーンを持ってもらって、その場所の維持に努めてほしい。これがそのゾーン分けです」

私は一人ひとりの名前が振り分けられた職場の見取り図を広げました。

「じゃーん」みんなの注目が集まります。

自分の担当場所がどこになったのか気になっているようでした。

次は、みんなが自分たちの職場をきれいにする番です。

「これを維持するために、好きな掃除道具を買っていいよ」私は言いました。

しかも、「一人ひとつは必ず何か買ってください」と付け加えたのです。

好きなものを買っていいと言われると、みんな楽しくなるものです。

「これを買ってもいいですか?」

「掃除機も買い替えましょうよ」

前向きな声が数多くあがりました。これまで備えていなかった「水はけブラシ」「ガラスモップ」など、贅沢品と思いつつも、すべて新たに購入しました。

これまで掃除の習慣のなかった職場に、こうして掃除道具が充実しました。

そして私からは、このひとこと。

「自分たちで買ったものなのだから、ちゃんと使おうよ」

この店舗はその後、「整理・整頓・清潔・清掃・しつけ」の行き届いている職場として全国に紹介されるほどになりました。

この手法には心理学の裏づけがあります（じつは後から知ったのですが…）。それは、割れた窓を放置するとそこで連鎖的に凶悪犯罪が起きるという「ブロークンウインドウ理論」で、犯罪学者ジョージ・ケリングが発表したものです。

1980年代にアメリカの犯罪都市として問題となっていたニューヨーク市でルドルフ・ジュリアーニ市長の方針により、この理論にしたがって軽犯罪の取り締まりを徹底したことで、5年間で犯罪が70％も減少したそうです。

なかでも有名なのが、地下鉄の「落書き消し」です。

「旅行者はニューヨークの地下鉄には乗るな」と当時言われていたほど凶悪犯罪が多発し、治安が悪化していました。そこで地下鉄の治安回復プロジェクトとしてまず行ったのが、落書きを消すことだったそうです。

「なぜ、落書き消し？」地下鉄職員からは猛反発の声があがりました。

しかし、当時の局長がこれを断行した結果、落書き消しと軽犯罪の取り締まり強化という、凶悪犯罪そのものではない対策で地下鉄の治安は回復していくこととなったのです。

まさに私がやった「年末大清掃エピソード」と同じですね（笑）

「きれいな職場」と「汚い職場」のどちらがいいかと聞くと、必ず「きれいな職場で働きたい」と返ってきます。みんな本当は「きれいな環境」で仕事をしたいと思っているのです。

業績の悪い会社ほど、職場の環境が悪い会社です。

業績をあげるためには、職場の環境をよくしなければなりません。
職場の環境をよくするために、まず基本となるのは、掃除です。
掃除を徹底するためには、一人ひとりの意識が大切です。

「自分は変わらなければ」と社員が思うようになるきっかけ——それは、職場が見た目から変わることです。まずはかたちから。そして、気持ちを変えていく。

「みんなの職場だから、周りの人のことを考えて」
他人を思いやる気持ち＝「協力・愛・感謝」は、きれいにしなければという気持ちから生まれてくるものなのです。

MANAGER'S NOTE
店長のノート03

## 誰かの片づけに気づいて、「ありがとう」と伝えていますか？

・5Sとは「整理・整頓・清潔・清掃・しつけ」。

・5Sが崩れるとき、職場も崩れる。

・朝来たときよりも、帰るときのほうが美しい
── そんな職場にしよう。

4

# 職場のみんなにあいさつをする

職場で何をおいても重要なのは、あいさつです。なぜなら、あいさつは何の仕事も覚えていない新入社員でもできる仕事だからです。**そう、あいさつは仕事なのです。**

しかし、誰でもできることであっても、それが「正しく」できているかは、疑問の多いところです。とくに職場になると、多くの人が働いているため、そのなかで自分の性格と合う相手とそうでない相手がいます。また、気分や状態によって「あいさつの質」が左右されることもあります。仕事とはいっても、気持ちなので強要はできません。

それではどうすればいいのでしょうか。私のお店で実際にあったエピソードをご紹介します。

ある店舗に、毎朝いつも絶不調な顔をしている、山内さんという女性スタッフがいました。

「山内さん、おはよう」と声をかけても、「おはよぅ…ござぃますぅ……」というか細い声しか返ってきません。

最初のうちは心配して「大丈夫？　調子悪いの？」と話しかけていましたが、毎朝のことなので、それも次第になくなっていきました。

周りも、「山内さんにあいさつしても自分の気持ちが沈んでしまう」と思うのか、彼女に声をかける人は減っていきました。そしてそのうちに、山内さんに対してだけでなく、その職場全体が「あいさつをする人」と「しない人」に分かれていってしまったのです。

「うーん、まずいぞ。これではダメだ」

私は、みんなが気持ちのいいあいさつができるようになるにはどうすればいいのかと、真剣に考えました。

そこで思い出したのが、私が新入社員のときに教えられた「あいさつの評価」です。

私も新人時代には遅刻の常習犯で、ギリギリに出勤する日もしばしば。そんな日は店長や先輩の前を「すみません、おはようございます……」と足早に素通りしながら仕事の準備に入っていました。

そんなある日、当時の上司である内土井店長に呼び止められました。

「福島、ちょっと待ちなさい！　あんたに、いつか言わないといけないと思っていたけど今日言うわ」

私は、怒られることを覚悟しました。

「あいさつもあんたの評価のひとつだって知ってる？」

「はい、分かっているつもりです」社会人としてあいさつは常識ということは理解していたつもりでしたので、答えました。

「そしたら、あいさつの5段階評価を言ってみて？」

「え、5段階ですか？　分かりません……」下手に答えて怒られるよりも、分からないと素直に認めることにしました。

「はあ？　それで分かってたつもりなの？　そしたら、正しいあいさつの評価を教えてあげる。じゃあ、悪い評価から教えるわ。

**一番悪い評価は、朝のあいさつをしないこと。**あんたはあいさつの大切さを分かっていると言うからには、きちんと毎朝やっているんだろうけど、なかには誰にもあいさつすらしない社会人も結構いるわよ。朝のあいさつは、その日一緒に働く全員にしないとダメだからね」

そう言われて、早くも全員にしていたかな？と不安になりました。

「**次に評価が悪いのは、目も合わさず、ダルそうな声で一方的にするあいさつね。**あんたもギリギリ出勤のときは似たようなあいさつをしてるわよ。

**評価3は、顔を合わせた人だけにお互いあいさつするだけの人。**ほとんどの人がこれだわ。

**評価4は、自分の気分に関係なく、毎日ちゃんと全員にあいさつしている人**」

ここまで聞いて、私はこれ以上のあいさつなんてあるのかと思いましたが、最高評価のあいさつは、聞いてみるとなるほどと、うなずかされるものでした。

「**一番評価の高いあいさつはね、相手の目の前に立って、明るく丁寧なあいさつの後にお辞儀する。相手を尊重したあいさつよ**」

「それって全員にするんですか?」思わず聞き返しました。

「当然、あいさつは相手への尊重よ。自分のあいさつで相手がどんな気分になるかを考えながらあいさつするの。上も下も関係ない。

ただし、これだけは教えておいてあげるわ。少なくとも、自分を評価する立場にある人に対しては、最上級のあいさつをするよう意識しなさい。そうでないと、せっかく他のことでがんばっていても、あいさつの評価で落とされていることは多いのよ。あんたも評価する側の立場になったら分かるわ」

MANAGER'S NOTE
店長のノート04

## あなたの職場では、どんなあいさつが交わされていますか？

・あなたの職場で交わされるあいさつは、5段階評価のどのレベルにあるだろうか？

・あいさつは仕事。「正しい」あいさつをしよう。

・あいさつは尊重。相手の立場に立って考えよう。

# 5

# 相手のあいさつを「こだま」する

あいさつを気分でしかできない自分の職場でも、どうにか評価レベルの高いあいさつを定着させたい。そう考えて始めたのが、「こだまあいさつ」です。

スタッフ全員を集め、前項でご紹介した「あいさつの5段階評価」を教えた後に、私は言いました。

**「これからは上司部下、先輩後輩も関係なく、その人とまったく同じ言い方であいさつを返しましょう」**

こうして、あいさつのルールを新しくつくったのです。

「おはよう」と言うと「おはよう」と返す。

「おはようございます」と言うと「おはようございます」と返す。

「必ず、言い方もそっくり真似するように。こだまですから」

こうすれば、相手のあいさつを自然と意識できるようになると考えたのです。


その翌朝のことです。店長である私が、いつものように山内さんに「おはよう」と言うと、（上司も部下も関係ないというルールなので）山内さんも「おはよう」と、小さな声で返してきました。

そして彼女はさらに小さな、か細い声で付け加えてきたのです。

「……でいいんですよね……」

私はそのとき、ハッとしたのです。自分自身を振り返ってみると、相手のことを尊重したあいさつができていなかったのではないだろうかと。

「ごめんなさい、言い直す」。私は失礼なあいさつを訂正しました。

あらためて、山内さんと私はあいさつを交わしなおしました。

「おはようございます」

「おはようございます」

そこには、自然と笑顔がこぼれました。


この運動は、さっそく効果が出ました。みんな立場や気分に関係なく、「おはようございます」と丁寧なあいさつができるようになったのです。

私もこれ以降、「おはよう」という上司ぶったあいさつはやめて、新人スタッフにも「おはようございます」と声をかけることを大切にしています。


また、あいさつに限らず、モチベーションの下がっている人に対しても、この「こだま」を意識して話をするように心がけています。

部下からの弱音に対して「がんばれ」「できる」と突き放していませんか?

まずは相手の声を「こだまする」。これが共感となり、お互いの信頼感につながるのです。

子育てと同じです。

子どもが転倒して「痛いよー」と泣いているときに、あなたは何と声をかけますか？　「それくらい我慢しなさい」と言われてしまうと、子どもは一人でその痛みをすべて受け入れなければならなくなります。

一方、そこで「痛いねー」という優しい言葉をかけてもらうだけで、痛みをお母さんが受け入れてくれたと思えて安心できるのです。

人間関係は鏡だといわれます。

**いまある現実は、いまの自分がつくり出している**ということです。

自分は周りの目にどう映っているのか、どう見えているかを意識できたとき、その人の行動・態度は変わります。その人の行動が変われば、周りの反応も変わってきます。

とくに言葉や態度は、相手に対して発するものです。

**たとえ相手が年下や部下であっても、自分の不機嫌な感情や気分を言葉や態度にのせてしまうのは、相手に対して、とても失礼な行為です。**そればかりか、失礼な言葉や態度を浴びせられたあなたの部下は、同じ態度を、他のスタッフにもしてしまうかもしれません。それでは、あなたの職場の雰囲気は悪くなるばかりです。

あなたの言葉ひとつが、あなたの職場を最高にも最低にもするということを理解してください。

MANAGER'S NOTE
店長のノート05

## あなたの職場に、あいさつのルールはありますか？

・相手を尊重する気持ちの有無は、口に出さなくても相手に伝わる。
・不機嫌な気分や感情も、やはり相手には伝わる。
・あなたの言葉ひとつで、周りの反応は変わる。

6

# あいさつに、気づかいの言葉を添える

世辞と聞くと、多くの方は「お世辞」という言葉を連想するかと思います。「お世辞」は、相手にごまをすったり、必要以上にほめたりするときに使いますが、語源をたどると、お経のなかでは「辞施」というお布施のひとつで、相手を思いやる優しい言葉をかけてあげることを意味するということです。

「あいさつはこだま」という風土が定着した頃、季節の変わり目ということもあり、体調不良で休みがちになるスタッフが出てきました。

「おはよう……ございます……」

明らかに体調の悪そうな声で、それでも自分が休んだらみんなに迷惑がかかるからと、無理をして出勤してきてくれた寺野さんの、朝のあいさつでした。

「おはようございます」には、「おはようございます」で応える。

こだまあいさつのルールです。

しかし、体に無理をしてまで出勤してきてくれている寺野さんに、みんなが返したあいさつは、ただの「おはようございます」ではありませんでした。


「おはようございます。あれ？　声がおかしいよ、大丈夫？」

「すごく体がキツそうよ。熱はないの？」


その光景を見ていて、気づきました。

体調の良し悪しに関係なく、**本当に必要なのは、毎朝、今日一緒に働く職場の仲間に対する気づかいの言葉なのではないか**と。


そこで私の職場で実践しはじめたのが、毎朝「おはようございます」の後に、今日、一緒に働く仲間への感謝を込めて「今日も一日、よろしくお願いします」という世辞を添えることです。

そして帰るときは、「お疲れさまでした。今日も一日ありがとうございました」で終わります。

もちろん、このあとに相手を気づかう言葉を添えることができれば、言うことありません。

あいさつだけならば、誰でもできます。

あいさつの後に、相手を気づかうひとこと。言えていますか？

MANAGER'S NOTE
店長のノート06

## 毎日、人にどんな気持ちで あいさつをしていますか？

・相手を思いやる心を、口に出して言ってみよう。

7

# 思うだけでなく、伝える

店長という立場になってから、部下であるスタッフに手紙を書く機会が多くなりました。

こうして本を執筆していながら言うのもおかしな話ですが、文章を書くのは苦手です。しかも一対一の手紙となると、普段はなかなかじっくり時間をとれずに話せていない自分の気持ちを文章にするわけですから、簡単ではありません。いつも真剣です。

そんな手紙でのやりとりのなかで気づかされた、心づかいについてのエピソードをご紹介しましょう。

それは、入社から1年経った社員を対象にした、スキルアップ研修に参加するスタッフへの手紙でした。

この研修では、受講するスタッフへの課題とは別に、その上司にも課題が与えられます。それが、そのスタッフに手紙を書くことでした。

しかもこれは、当日まで相手にバレないように書かなくてはいけません。

私は閉店後、みんなが帰り一人となった職場で、そのスタッフに普段思っている気持ちを手紙につづりました。


そのスタッフは、渡部さんといいます。

渡部さんはとても素直な性格で、自分の思ったことをストレートに表に出してくるタイプの女性でした。そして彼女と私は、普段から仕事に対する思いにすれ違いがあり、しばしば言い合いとなっているような関係でした。

本人も私に対して壁をつくりたがり、周りからも、あの2人はうまくいっていないと見られていたと思います。

しかし、私の気持ちはまったく逆でした。

昔から手のかかる子ほどかわいいといわれるように、私はなんとか渡部さんの助けになりたいと思い、彼女のよいところも悪いところも、きちんと見るようにしていました。

そして、何事にも一生懸命で、職場のムードメーカー的な存在となっている彼女の行動をとても評価していましたので、私は、その気持ちを手紙にぎっしりとしたためました。

研修終了後、渡部さんと初めて職場で顔を合わせたとき、彼女の表情がまったく違っていました。

「店長！　手紙読みましたよ。もっと悪く思われていると思っていたのに、意外に評価して見ていてくれてるんで、ビックリしました」

「いや……いつも、そう思っているのだけどね」私が答えます。

「思っているだけじゃダメですよ。もったいないです！　ちゃんと普段から言ってくれないと、私には分かりません」

そう言われて、私も**自分では伝わっているだろうと思っていたことが、相手にはいかに伝わっていないか**ということを知って、反省しました。

このことを、的確に示している言葉があります。

「こころ」はだれにも見えないけれど「こころづかい」は見える
「思い」は見えないけれど「思いやり」はだれにでも見える[2]

東日本大震災の余韻が続く時期に、テレビＣＭで紹介されていた詩です。

「心に留める」のではなく、「心をつかう」。それが心づかいです。
「思う」のではなく、「思いをやる（あげる）」。思いやりですね。

※2宮澤章二『行為の意味　青春前期のきみたちに』（ごま書房新社）より

思っているだけでは、伝わっていないのが、人の心だと思います。
心は、かたちにしなければ誰にも見えないのです。

MANAGER'S NOTE
店長のノート07

# 「心づかい」「思いやり」かたちにして相手に伝えていますか？

・相手を気づかう気持ちは、言葉にしないと伝わらない。

# 8

# 誕生日は、神様からのプレゼント

私の職場では、誕生日を迎える社員に、上司からのメッセージが書かれた「バースデーカード」を添えてプレゼントを贈る習慣があります。

多くの人にとって、子ども時代の誕生日は「お祝い事」で、楽しみな行事だったのではないでしょうか。それが、20代後半を過ぎる頃から、年をとることを喜べなくなってくる傾向があるように思います。女性の多い私の職場では、とくにそれを感じます。

「小包さん、29歳の誕生日おめでとうございます」

誕生日は大切な行事ですから、私は年齢に関係なく心からお祝いをします。

「店長、年のことは言わないでくださいよ」

「プレゼントは欲しいんですけど、これ以上、年は増えなくていいです」

決まって、そんな言葉が返ってきます。

「なんで年をとるのが嫌なの？」私は意地悪に聞きました。

「それはそうですよ！　もう若くないですから」お決まりの答えです。

「神様への感謝が足りないねー」と、私はプレゼントと一緒に、用意していたメッセージカードを手わたしました。

そのカードには、次のような言葉を書きました。


誕生日は1年という神様からのプレゼント。

1年にひとつずつ平等にもらえる、命の時間。

29個目のプレゼント、大切に使いましょうね。


「誕生日を祝えるって、幸せなことでしょ？」

メッセージを読み終わるのを見計らって、私は言いました。

「そう考えたら素敵ですね。でも、やっぱり年はとりたくない。けど嬉しい」

小包さんはそう言って、プレゼントを大切そうに受け取ってくれました。


誕生日という日は、自分の人生の時間を振り返るいいきっかけだと思います。

普段の生活では、時間を「あって当たり前のもの」のように扱って、つい無駄づかいしてしまっているかもしれません。


「Time is money」、〝時は金なり〟といいます。確かに、時給で考えれば、働いた時間だけお金をもらえます。同じ時間に一生懸命に働いても、不真面目に働いても、時給で働くかぎり、支払われるお金は変わりません。

もちろん、効率よく仕事をこなし、同じ時間でより大きな成果を出せば、そのぶん多くのお金を稼ぐこともできるでしょう。でも、それでも時間の価値自体は変わりません。なぜなら、時間はお金では買い戻せないからです。

私が思うに、「Time is life」、〝時は命なり〟。限りある自分の命を使って働くわけです。そう考えると、**大切なのは、人生で「いくら稼いだか」よりも、人生で「何をしたか」**ではないでしょうか。

お金を稼ぐためだけに仕事をするのは、命の無駄づかい。私はそう考えます。

「仕事とは、貴重な人生の3分の1をお金と交換することなんだよ」

自分自身、仕事時間を無駄に過ごさないために教訓にしていることです。

ワークライフバランスという言葉があります。みなさん、一日24時間のなかで仕事をしている時間は8時間でしょうか？　10時間でしょうか？

何度も言いますが、同じ時間働くのでも、なるべく楽をしようと考えて仕事をするのと、全力を出し切り一生懸命仕事をするのとでは、一日のお給料は変わりません。でも、**同じ仕事をして時間を過ごすのなら、いまの一分一秒を全力で働いてみてほしい**のです。

私が考えるワークライフバランスとは、8時間を人のために一生懸命働くことに使い、8時間を自分のための時間に使い、8時間をしっかり睡眠をとるために使うというものです。これが理想的な24時間の使い方なのかなと思っています。888でまさに末広がりの人生ですね。

誕生日だからこそ、そんなことを考えながら自分の時間の使い方を振り返ってみてほしいのです。

MANAGER'S NOTE
店長のノート08

## 自分の人生時間、
## 無駄づかいを
## していませんか？

・誕生日は、その人と今ここで一緒にいられることを感謝する日。
・“時は金なり”ではなく、“時は命なり”。
・大切なのは、人生で「いくら稼いだか」よりも、人生で「何をしたか」。

# 9

# スタッフ全員をフルネームで覚える

ここでもうひとつ、誕生日に関するエピソードをご紹介しましょう。

登場するのは、私が以前に店長をした店舗の副店長、脇道さんです。私は彼女の話を聞いて、管理者としての心構えに感心しました。

私が新しいお店に配属になったときは、必ず副店長から順番に面談をはじめていきます。そして、その面談のなかでいつも、一人ひとりに誕生日を聞いていくようにしています。

「じゃあ、まずは脇道副店長から、いいですか?」

脇道さんは、とても気づかいのできるベテランの女性副店長でした。

ひととおりの話を終えて、最後にお決まりの質問をしました。

「最後に、誕生日だけ聞いておいてもいい？　メモしておくから」

「はい。いいですよ。〇月〇日です」

その日付をメモするのを見計らったところで、彼女は続けてこう言いました。

「あとは、上から順番でいいですか？」

「え？」

こんなことは初めてでしたので、私は思わず驚いた声を出してしまいました。

そして聞き返しました。

「もしかして、スタッフ全員の誕生日を覚えているの？　20人全員の？」

「はい。みんなの誕生日を覚えています」

これを聞いて、私も全員の誕生日くらい覚えていないとダメだなと、反省しました。

誕生日も大切ですが、部下のフルネームを正しい漢字で覚えておくことも上司としては最低限のことだと考えています。

森田まさのり先生の少年漫画「ルーキーズ」(集英社)では、熱血教師の新任教員の主人公が新しい学園(職場)で、自分がかかわり得る全学級の生徒の名前をまずフルネームで覚えようとしていました。私もそれに共感を覚えます。

これから同じ時間を共有していく仲間として、**「フルネーム」と「誕生日」を覚えておくのは、信頼関係をつくるうえでとても大切なこと**です。

正直いって物覚えがあまりよくない私にとって、仕事のノウハウより何よりも苦手なことなのですが……こればかりは努力あるのみです。

MANAGER'S NOTE
店長のノート09

## あなたの部下の
## 誕生日とフルネーム、
## 何も見ずに言えますか？

・名前で呼びかけること、相手の情報がそらで出てくることは、信頼関係の第一歩。

10

# 人生時間を「見える化」して考える

20代、30代は働き盛りとよくいわれますが、では40代、50代はどうでしょう。「25歳までにやっておくべき××のこと」「30才までに〜」などといったタイトルのビジネス書はよく書店に並んでいますが、40代、50代対象のものとなると、あまり目にしません。

そんな影響からでしょうか？　40を過ぎるとあきらめモードに入る社会人も少なくないようです。そんなベテラン社員のモチベーションを高める言葉はないのでしょうか？

私の職場では、月1回、全スタッフを集めてのミーティングを行います。

そのなかで、店長の私がみんなに考えてほしいと思っていることを、「ふく語録」という簡潔な格言のようにして発表しています。

今月はどんな言葉が登場するのか？　これを楽しみに会議に参加していると言ってくれるスタッフもいるほどです。


ちょうど「今月は何を話そうかな」と考えているとき、管理チームのリーダーである二藤さんが話しかけてきました。

「店長、聞いてください。うちのチームの佐道さん、全然働いてくれないんです」

二藤さんは25歳、佐道さんは42歳。佐道さんのほうが入社は10年以上早く、いつの間にか立場が逆転してしまった状態です。

「佐道さんにメールで報告物の確認を求めても返信ないし。決められている自分の担当業務もちゃんとやっていないし、私が言ってもダメなんです。店長から何とか言ってもらえないですか？」

「確かに、二藤さんのお父さんに近い年の差があるからね。本当に負担をかけていると思うよ。分かった、自分からも話しておこう」と約束をしました。

しかし私の経験上、40代、50代になって働かないスタッフは、いくら「働け」と言っても働きません。開き直りとあきらめに入ってしまっている場合が多いのです。

佐道さんとも何度も話しましたが、ネガティブな言葉が目立ちます。

そんな状態に少しでも人生まだまだ先は長いという気づきになればと思い考えたのが、人生の「見える化」です。

スタッフミーティングの日になりました。

「今日はみんなにちょっと計算をしてもらいたいと思います」

「えー」何でもハッキリと言う二藤さんからはブーイングが飛んできました。

いやいや、君のために考えたのにと思いながらも、「簡単なわり算だから大丈夫」と、今月の「ふく語録」を紹介しました。

「いまの自分の年齢を3で割ってみてください」

「なになに？　占い？」という声があがるなか、続けて話します。

「できましたか？　出てきた数字が、いまみなさんの生きている時間です。

平均寿命よりちょっと少ないですが、人生72年と考えて、3で割ると自分の年齢を時間に置き換えることができます。つまり、午前0時に産まれて、一日24時間生きて、夜0時に寿命です。……さて二藤さん、何時になりました？」

「ええっと、8・3？　割りきれない」

「OK、8時ですね。まだ起きたばかりですよ。もう25歳だなんて言ってますけど、あなたの人生はまだ朝8時なんですよ。……では、佐道さんはどうですか？」

「ええっと、14時かな」

「そうですよ。太陽が燦々と輝いているお昼過ぎです。まだ寝る準備には早すぎますし、いろいろと活動できる時間ですよ」

人生の時間は限られています。

誰もが深夜0時まで時間を使いきれるとは限りません。

時間の流れは平等でも、残された時間は不平等なのです。

「20歳の人は、朝6時半」

「30歳で、午前10時」

「40歳で、13時」

「60歳でも、20時。まだ夜ごはんを食べ終わったばかりだ」


そうやって人生を時計で考えると、自分の時間をリアルに実感できるのではないでしょうか？

MANAGER'S NOTE
店長のノート10

## あなたの人生時間は、いま何時ですか?

・過去も大事。未来も大事。今も大事。
・人生は一生に一度だけ。
・40代、50代を過ぎても、人生時間はまだこれからだと考えよう。

## 11

# 人からもらっている時間を意識する

時間は、誰にでも平等ではありません。
自分には、あとどのくらいの時間が残っているのかは、誰も分かりません。
流れる時間の速度は同じでも、その使い方は人によってさまざまです。

また、仕事は自分一人でやるものではありません。ときに人に迷惑をかけることも、また、自分以外の人のために働かないといけないこともあります。

携帯電話ショップでの一番の不満は、待ち時間の長さといわれます。
ここ数ヶ月を振り返ってみても、お客様からのアンケートで、この待ち時間に関するご不満の声が多くあがっていました。

そんなアンケートの集計を担当する深多さんから、朝礼で話がありました。

「みなさん、これ見ました？」

そう言って渡されたアンケート用紙には、こんな内容が書かれていました。

「先日、携帯電話が壊れたので、機種の変更に行った者です。お宅のお店の対応にはがっかりしました。散々待たされたあげく、対応してくれた店員は事務的な対応しかしない、時間を無駄にした気分で帰りました」

「これは大問題です。緊急ミーティングをしましょう」

深多さんからの提案で、翌朝の開店前に少し早くきて、この内容についてスタッフみんなで話し合うことになりました。

翌朝、9時ジャストから話し合いを始めることになっていたにもかかわらず、スタッフの下野さんが遅刻して、全員が集まったのは、予定時刻を10分過ぎた頃でした。

私は、彼に向かってこう言いました。

「下野さんは、時間泥棒ですよ！」

私の剣幕に、下野さんは面くらった顔をしています。

「今日の出勤人数は、何人？」私はさらに下野さんに質問を続けました。

「はい、11名です」

「1人が遅れてきたとしても、待っていたのは10人だよね？」

私はなおも続けます。

「下野さんが来ないから待ってたんだからね。10分遅れたから、10人合わせて100分の時間を無駄にしてしまったんだよ。

人の大切な時間を奪ったんだから、時間泥棒と言ったんだ」


じつは私も以前、恩師である内土井店長から同じようにカミナリを落とされたことがあります。遅刻の多かった私も、それ以来、時間は自分だけのものではないと思うようになったのです。

「じゃあ、本題に入りましょう。深多さん、話してもらってもいい？」

私は接客リーダーの深多さんに譲りました。

「はい。最近お客様から増えている、待ち時間に関するご指摘について、みなさんどう考えますか？　では……まず下野さん」

深多さんも厳しい方です。すっかり落ち込んでいる下野さんを指名しました。

「あっ、はい。いま私が店長に叱られたとおり、**お客様への時間の配慮が足りなかった**のだと思います。

時間は、お金と交換することのできないお客様の命です。たとえ数十分であっても、お待たせすることで、お客様の命を無駄にしてしまっていました。そのことをまず反省する必要があると思います。

そして、もしどうしてもお待たせしなければならない事情があったとしても、その時間がお客様の大切な命の時間であると思えば、それなりの一生懸命な対応をしなければならなかったのに、それができていなかった。そのために、お客様を〝時間を無駄にした〟という気分にさせてしまったのではないでしょうか」

素晴らしい回答でした。

「そうだよね！」私は思わず声をあげて、そして付け加えました。

「お客様が今回のコメントをアンケートに書いてくださったのは、貴重な自分の命を削って話を聞きにきているのに、期待するものを得られなかった。私の大切な命を返して！という気持ちからですよね。お金では解決できない問題です。どうします？」私はそう言って、深多さんへ振りました。

「はい、みんなの気持ちで応えるしかないと思います。待ち時間を減らす対策や知識向上の勉強会は、もちろんやっていきますが、それだけではなく、**今日の接客から、お客様には大切な命を削ってご来店いただいているのだという気持ちをもって全員が接する**ようにしていきます」

その日から、みんなが自分の時間だけでなく、他人の時間を意識して行動するようになりました。

現代のビジネスマナーでは、電話をかけたときに、「いま、よろしいですか？」とまず相手の都合を確認することは当たり前です。

また、私も管理職の立場になってよく思うのですが、一人の提出物の遅れが全体の仕事のスケジュールを大きく狂わし、時間の無駄が発生していることが多々あります。報告物は提出して終わりではなく、その先の処理について、また別の誰かの時間が引き継がれ影響していくと考えると、提出物の遅れは許されないことと分かっていただけるかと思います。

最近の自分の仕事を振り返ってみてください。

・相手の都合を確認せず、電話をする
・提出物を遅れて出す
・予定の時間に遅れる。または早く訪問しすぎる

思い当たるふしはありませんか？

お客様はもちろん、上司や同僚、仕事であなたとかかわってくれている人の時間泥棒にならないよう、くれぐれも気をつけましょう。

MANAGER'S NOTE
## 店長のノート11

# あなたのために
# 時間を使ってくれた人に
# 「ありがとう」と
# 伝えていますか？

・みんな自分の大切な時間を使って働いている。

・協力は、時間の貸し借りと考えてみよう。

# 12 人に協力する

会社組織として仕事をするうえで、それぞれが別々の方向を向いて、勝手なことばかりをしていると、必ずおかしなことになってしまいます。

**リーダーの仕事で大切なことは、チームをひとつにまとめること。**

会社やチームなどで危機的状況に陥った場合、「みんなで一致団結して乗り越えよう！」とよく言いますよね。ここでは、その正しい進め方について教えられたエピソードをお話しします。

ドコモには、独自の資格取得制度があり、全スタッフがこの資格取得を目指して努力しています。しかし、この試験が非常に難しく、受講前から半ばあきらめているスタッフもいるほどです。

私のお店で、あるとき、ベテランスタッフが急に3人退職し、資格取得者が店舗に一人もいなくなってしまう事態に陥ったことがありました。

これは、専門店として緊急事態です。会社からは、残ったスタッフの誰かに、すぐに資格取得させるよう指示がきました。

そうして、スタッフがみな毎月のように試験を受講するものの、なかなか合格者が出ません。私も「がんばろう！」と応援して回りましたが、なかなかこの事態を打破できませんでした。

そこで見かねて、当時地区のインストラクターだった糸原さんが動き出しました。

「福島店長、次の資格試験を受けるスタッフは誰だっけ？」

糸原さんからの電話でした。

「はい、来週予定の岩崎さんです」

「じゃあ、これから岩崎さん宛のＦＡＸを流すから渡してもらえる？」

「了解しました」

私はＦＡＸ機の前で待ちました。

「ウイーン……」数分後、送られてきた内容は、次のようなものでした。

岩崎さんへ

お疲れ様です。来週、いよいよ試験ですが、準備は順調ですか？

これは、他店舗のスタッフが作ってくれた予想問題の資料です。

これまでのみんなの経験から作っているので、参考になると思います。

岩崎さんも、次に受講するスタッフのために、できるかぎり、今回の経験をみんなのために報告してください。

みんなで協力して資格取得を目指していきましょう！

インストラクター糸原

それから試験のたびに、受講スタッフにこのＦＡＸが届くようになりました。

しばらくすると、店舗のスタッフ同士も、次に受講するスタッフのために、勉強を教え合うようになり、資格取得に向け、全員が一致団結しはじめたのです。それから1年で、私のお店は、資格取得者の一番多いお店へと変わりました。

一致団結とは、「目指すべき方向性を揃えようとすること」ではなく、単に「人と人を結びつけること」だったのです。

**リーダーを中心に人が集まり、協力する輪が自然とできてくることこそが、本当の団結力なのです。**「危機を乗り越えるために、みんなでがんばろう」といくら口で言っても、結束は強まりません。なぜなら、その危機をどう感じているかは人によって違うからです。

ある人は、「会社のためにがんばらなければ」と思い、
ある人は、「大げさな、まだまだ大丈夫でしょ?」と思い、
ある人は、「自分には、無理」とあきらめているかもしれません。

「私のために、周りががんばってくれている」と感じたとき、人と人が結束され、団結した力となるのです。

MANAGER'S NOTE
店長のノート12

## あなたのチームにはいま、
## 協力の輪が
## できていますか?

・協力+協力=団結。団結は、協力の足し算。

・最近、誰かに「ありがとう」と言われる行動をしただろうか?

・あなたのチームに一致団結が生まれたのはどんなときか、思い出してみよう。

# 13

# 困っている人を助ける

お店には、忙しい時期と暇な時期があります。

ある年度末の繁忙期、開店4周年祭を週末に控えた金曜日のこと。スタッフの羽鳥さんのもとに、お祖母様が亡くなったとの電話がありました。

突然の悲報に言葉を失う彼女。場にいたスタッフももらい泣きする、しんみりとした空気のなか、少しすると、羽鳥さんは気丈にもシフト表を取り出し、明日からのイベントの出勤人数を確認しはじめました。一刻も早く病院へ向かうべき状況にもかかわらず、お店の状況を気にしてくれているのです。

「忙しい時期に申し訳ありません……」と力なく言う彼女を、「大丈夫だから！」と送り出した私たちは、残ったメンバーでイベントの準備を再開しました。

しかし現実には、猫の手も借りたい状況。困り果てていたところ、当時スタッフで一番のベテランだった茶畑さんが、笑顔で私に言ってきてくれました。

「明日、休みですけど、私、出ますよ」

そうした心強い助けもあって、私たちは周年イベントの準備を無事に終え、イベントにのぞむことができました。


イベント最終日。葬儀を終えた羽鳥さんが出勤してきました。

「忙しい時期にすみませんでした。ありがとうございます」

申し訳なさそうに、一人ひとりにお詫びとお礼をする彼女に、みんなから返ってきたのは、こんな言葉でした。

「こちらこそ、そんなときにお店のことを考えていてくれて、ありがとう」

「大丈夫なの？　まだいろいろあるだろうに出勤してきてくれて、ありがとう」

「困ったときはお互い様なのに！　そんなに気をつかってくれて、ありがとう」

**感謝には、感謝の言葉で返す。**これは、働きやすい職場をつくるために、私がいつも大切に考えていることのひとつです。

職場では、人それぞれが事情を持って働いています。ときには、自分の気づかない場所で、人の助けを借りなければならない状況にもなるでしょう。

だからこそ、ともに働く仲間同士は助け合い、感謝し合うことが大切なのです。

「ギブ&テイク」という言葉があります。

「与えるから、見返りがある」といわれていますが、職場では違います。

**「ギブ&サンキュー」**です。

「与えながら、さらに感謝する」。そんな気持ちで助け合うことができれば、「奉仕の気持ち」と「感謝の気持ち」が繰り返し連鎖され、与える側も与えられた側も、いつもハッピーな気持ちでいられると思うのです。

MANAGER'S NOTE
店長のノート13

## あなたの職場では、助け合い、感謝し合う言葉がとびかっていますか？

・迷惑をかけたら謝る。良いことをしてもらったら感謝する。

・仕事とは「奉仕」と「感謝」のくり返し。

・世の中は、助け合いでできている。

# 14

# 「ありがとう」が集まる職場をつくる

人は、人から感謝されるほど嬉しいものはありません。

とりわけ、身近な人から感謝されると、より嬉しくなるはずです。

たとえば、家族・友人・恋人……そうした人たちに喜んでもらおうとプレゼントを贈ったり、励まし合ったり、親身になって考えたりしますよね。互いを大切にし合う関係だからこそ、感謝される行動が自然とできているのではないでしょうか。

ちょうど新店舗へ異動になって間もなく、このお店のショップコンセプト[3]を決めなければいけないと思っていたときの話です。

私はお店の方向性を示すためには、一番大切にしたい言葉から考えるのが早道だと思い、みんなに聞いてみることにしました。


「やっぱり普段から使っている言葉がいいよなー!?」

そうすると、毎日誰かに必ず使う言葉……あいさつだ!

そう考えた私は、接客業で使うあいさつを考えてみました。

「おはよう、こんにちは、こんばんは」

「ありがとう、すみません、お疲れさま」

「さようなら、ごきげんよう」……


そして、みんなを集めてこう聞きました。

「世の中にあるあいさつで、一番大切にしたいと思うものは何?」

みんなの答えは、ひとつに絞られました。

「やっぱり、ありがとうでしょ」

「ありがとうしかない」

※3ショップコンセプトとは、そのお店がどんなお店を目指していて、何を大切にしているかという、そこで働く従業員の共通マインドとなる指標のことです。

「ありがとうですね」

「じゃあ、決定だね。ありがとうを大切にするとして、ありがとうの言葉から何を目指そうか？　小岩川副店長どう思う？」

私は店舗のナンバー2の意見を聞いてみることにしました。

「やっぱり、お客様からのありがとうの声をたくさん集めたいです」

「ありがとうの声を集める！　いいね」そのまま別のスタッフに質問です。

「平原チーフ、ありがとうの声は、お客様からだけでいいの??」

「いいえ、お客様だけでなく、私たちスタッフ同士も感謝し合うことは大切だと思います」

「それなら、お客様・スタッフ同士はもちろん、会社の上司や地域の方々、近隣のお店や取引先など、お店にかかわるすべての人からありがとうと言われる店になりたいですね。どうでしょう？　それを目指しませんか？」

全員を見わたしながら私が言うと、みんな「うんうん」とうなずいてくれました。こうして、この店のショップコンセプトは満場一致で、「ありがとうの声が集まる店」と決まりました。

「せっかくなので、これを定着させるための店舗スローガンも決めよう。ありがとうの声は、実際にはどれくらい集めたらいい？　小中さん？」

ここで私は、人と接するのが苦手という小中さんに聞いてみました。

「ええ……どのくらいって言われても……あればあるほどいいんじゃないですか？　すべての人から？　分かんないですよ」

「さすが小中さん。あればあるほどとは、いい答えをありがとう。でもここはスローガンだから、やるべきことを分かりやすくしたいな。よし、数値化しよう」

私はそう言って、数値化する方向に話の軌道を修正しました。

「この店の商圏は約2万人。ということは、すべての人と考えると、最低でも2万人からの声は必要だね。一日何件集めようか？　もう一度、小中さん」

「じゃあ、10件」即答でした。

こうして「一日10件、ありがとうの声を集める」という目標が決まりました。

一日10件、1年で3650件、6年で21900件。

「じゃあ、6年かけて、地域中からありがとうの声を集めましょう」

店舗のスローガンは**「一日十感謝」**と決まりました。


職場をひとつにまとめるためには、共感できる何かが必要です。そして、全世界共通で共感できるのは、「ありがとう」という言葉ではないでしょうか。

感謝の言葉は、何度言っても、人を不愉快にさせません。それどころか、相手を嬉しい気持ちや、また助けになろうという気持ちにさせてくれます。

そんな「ありがとう」の声が集まる職場は、きっと誰もが居心地のよい場所となると思うのです。


毎日、感謝の言葉を使っていますか?

MANAGER'S NOTE
店長のノート14

## あなたは毎日、
## 感謝の言葉を
## 使っていますか？

・世の中で一番大切にしたい言葉は「ありがとう」。

・「ありがとう」は何度言っても、人を嬉しくさせる。

*15*

# 幸せになる人の法則

その職場が働きやすい環境かどうかを判断する基準として、働いている社員が「幸せ」であるかどうかを見ることで分かると考えています。

仕事での「幸せ」とは、「この職場で働けてよかった、この状態がずっと続いてほしい」と思えることではないでしょうか。しかし、いざ仕事となると、楽しいことばかりではありません。むしろ大変なことのほうが多いといえます。

では、そんな環境のなかでも、自分が「幸せ」になるためには、どうすればいいのでしょうか。

その職場も離職率は低いものの、皆が幸せを感じて働くことができているかというと、そうではありませんでした。

朝一番から、職場の更衣室からこんな声が聞こえてきます。

「あー、今日も働くの嫌だー」

「寝不足で、元気がでない……」

人それぞれ感じ方や気分が異なるなかで、誰もが「幸せ」を感じられるような職場をつくるなんて不可能ではないか。そう思いながらも、私の目標は、〝すべての社員が働きやすい職場をつくること〟でしたので、社員の幸せについて日々真剣に考えていました。

そんなあるとき、ふと気づいたことがありました。

それは、**仕事に対する不満よりも、自分のことを中心に考えた不満を多く口にしている人ほど、幸せを感じていない**ということです。さらにそこから、この「幸せ」という言葉に隠された本当の意味に気づくことができました。

ある日、みんなを集めてミーティングを開きました。

「今日は、漢字の勉強をします」

「また……今度は何ですか？」

「学校みたいですね」

漢字が苦手という若いスタッフからブーイングまじりの声も聞こえてきましたが、私は話を進めます。

「これは、なんて読むでしょう？　寺穂さん」

コピー用紙に〝幸〟と書いて、先ほどブーイングしてきた彼女に聞きました。

「幸せです。それくらい読めます」彼女は少しふて腐れ気味で答えました。

「そう、正解。幸（さち）と書いて、幸せという字ですよね。では、もう一問」

そのままプリント用紙を〝逆さ〟にして同じ質問をしました。

〝幸〟

「これは何と読みますか？　もう一度、寺穂さん」

「あっ、幸（さち）。すごい！」新たな発見に彼女の顔に笑みが浮かびました。

周りからも、「すごい！　気づかなかった」という声があがりました。

そのまま持っていたプリント用紙を、相手の側へ向けて話を続けました。

「すごいでしょ！　〝幸〟という字は、相手から見ても〝幸〟と読める」

「だから、幸せも同じなのです。自分が相手に何かをしてあげたとき、相手が喜んでくれたら、自分も嬉しくなるでしょ？」

「逆も同じ。相手に何かをしてあげたとき、自分が心から喜べば、相手も嬉しい気分になる。**これが〝幸〟という言葉に隠された本当の意味です。**どう？　理解してもらえましたか？」私はみんながうなずく様子を見回しました。

「もう一問いきます。この〝幸〟から、相手のほうの棒を一本とったら、なんて読む？　寺穂さん」

私は〝辛〟と書いて見せました。

「……カラい……」微妙な答えでした……。

「うーん。正解だけど、ここは〝つらい〟と読んでほしかった（笑）」

苦笑いしたまま説明を続けます。

「自分のことしか考えない人は、相手から見ると、〝辛い〟と見えてしまうんだよね。どうでしょう、みんなが幸せになるためには、自分がどうすればいいのか分かってもらえた？　しかも、それが自分の幸せにもなる。

あともうひとつ覚えてほしいのが、〝辛い〟という字に横棒を一本増やすと、〝幸せ〟になるってこと。つまり、『辛いを一歩乗り越えれば幸せ』なんだね」


幸せの感じ方は、人によってさまざまです。

ある人は「仕事が暇であることが幸せ」と言います。

ある人は「忙しいほど充実感ややりがいを感じて幸せ」と言います。

ある人は「あの人と一緒に仕事ができる日は幸せ」と言います。

このように自分中心の考え方を持っているうちは幸せになれません。そしてそんな方は、周囲に〝辛い〟思いをさせていることに気づかなければいけません。

**いつも相手のことを考えていると、相手も自分も幸せになれる。**
**逆に自分のことしか考えない発言や行動は、周りの人を辛くする。**

そう考えると普段から自分のとるべき行動が見えてくると思います。
周りのために自分を我慢し、相手のために精一杯の喜びを伝える、これが「幸せ」になるための法則なのです。

MANAGER'S NOTE
店長のノート15

## あなたが「幸せ」なのは
## どんなときですか？

・いつも相手のことを考えていると、相手も自分も幸せになれる。
・自分のことしか考えない発言や行動は、周りの人を辛くする。

# 16

# 仕事で言ってはいけない言葉

前項の続きをお話ししましょう。このときから、私たちの店舗では、漢字を使ったマネジメントが流行しました。私もみんなの期待に応えようと、苦手な漢字の勉強をはじめました。そして見つけたのが、職場の禁句言葉です。

職場で働いていると、仕事が溜まったり、お客様が集中して来店されたりと、慌ただしい雰囲気になる日もあります。そんなとき、「忙しい、忙しい」と言いながらバタバタとしていると、だんだん殺伐とした空気になっていきます。

その日も、出勤人数が少ないにもかかわらず想定外の数のお客様に来店いただき、受付担当マネージャーの岩坂さんも余裕をなくしている状況でした。

「ピンポーン」とチャイムが鳴り、受付番号とお客様のお名前が呼ばれます。そのつど、フロアを管理するマネージャーが、カウンターの受付スタッフへと引継ぎを行います。

「えーと、次のお客様は機種変更ね。今日は忙しいな、あとはよろしくね」

マネージャーが引継ぎを簡単に済ませ、次の受付カウンターへ足早に去っていく——そんなやりとりが続くと、いつもは笑顔を絶やさない売場のスタッフたちも次第に焦りの表情に変わり、受付も流れ作業のようになっていきます。

そんななか、事件は起きました。

受付カウンターから、お客様から大きな声でお怒りの言葉が飛んできました。

「おい、こんなに待ったのに在庫がないってどういうこと？　さっきのフロア担当の人に機種は伝えていたはずだよ？　どうなってんの？」

お客様のお怒りは、ごもっともです。忙しさから、事前に在庫を確認するという基本動作を忘れてしまっていたのです。

その夜、今日のご指摘について反省会をすることにしました。

「なんでお客様は、お怒りになったの？」

「私が事前に在庫を確認するのを忘れてました。すみません」フロア担当をしていた岩坂さんが申し訳なさそうに答えました。

「そっか、なんで忘れてしまったの？」私はあえて理由まで聞きました。

「今日は、忙しくって……」予想どおりの言い訳でした。

「確かに、今日は想定以上の混み具合で大変だったね」そこには理解を示しつつも、今度はカウンターを担当していたスタッフたちに私は質問を続けました。

「みんなも忙しくて、笑顔を忘れてなかった？　今日のお店の雰囲気は、みんなの表情が真剣すぎて重かったように感じた。それが、お客様のお怒りにつながったことはないだろうか？」みんなの表情を確認します。

「それは自分たちでも感じてました」目の合った辻木さんが答えてくれました。

「そうだよね。なんでそんな重い雰囲気になってしまったかというと、みんなが今日は忙しいとマイナスに考えてしまったからだよ」

ここから、私が準備していた漢字の話です。

「〝忙〟という漢字を思い浮かべてみて？　〝心〟を〝亡くす〟と書いて〝忙〟だよね？　今日はみんな、大切な心を亡くしていたんじゃないかな。気づかいをする余裕もなく、目の前の仕事を粛々とこなしていたのかもしれない。

〝忙しい〟という言葉にはこんな罠があるから、職場ではなるべく使わないほうがいいんだよ。

**もし忙しさを表現するならば、〝今日は賑わっているね〟〝大盛況だね〟というプラスのイメージの言い方に変えていきましょう**」

暗く沈んでいたスタッフたちの表情に、ようやく笑顔が戻ってきました。

「さらに付け加えると、さっき岩坂さんが使った〝忘れてしまった〟も危険な言葉だよ。もう一度、〝忘れる〟という字を思い浮かべてみて」

「あっ！　亡くす心だ」辻木さんが答えました。

「だね。忘れる行為も心を亡くしていた証拠だから、気をつけないとね」

この日から、そのお店では**「忙しい」**と**「忘れる」**は人の心を亡くす禁句言葉として扱われることになりました。

〝人〟の仕事が〝機械〟と違うのは、そこに心があるからです。

心を亡くして、淡々と作業をこなしていては、機械の仕事と同じです。

人と人のつながりを心で感じること——そこにこそ、機械にはできない接客があると思うのです。

そして、接客に限らずですが、どんな仕事にも、報告期限や守らなければいけない基本動作があります。これらはどんなに「忙」しくても「忘」れてはいけません。

忘れるという行為によって、周りにどのような迷惑をかけてしまうかまでを想定しつつ、周りへの気づかいを考えながら仕事することが大切なのです。

一番やってはいけないのは、「忙しくて、忘れていました」という言い訳なのです。

MANAGER'S NOTE
店長のノート16

## どんなときでも「ありがとう」という心で人に接していますか？

・忙しいときは、それをプラスのイメージで表す。

・真ん中に「心」があるのが愛。

・「ありがとう」は愛の基本。

# 17

# 一番でないとダメですか？

以前、国の事業を検討する会議で、ある国会議員の方が発言した「一番でないとダメですか？」という質問は、あらためて自分の仕事の価値を考え直すきっかけになりました。また同時に、以前私が店長として改装オープンに携わることとなった店舗の記念式典の最中に、ある上司が話した内容を思い出しました。

当時、私が店長を任されていたお店は、販売数が県内第2位の規模を誇る優秀な店舗でしたが、周辺地域に5店舗の携帯電話ショップが混在するなか、さらなる販売力の向上を目指して、改装オープンすることになりました。

「それでは続きまして、大向井常務よりごあいさつをいただきます」

司会者の紹介から、当時その地区を担当するトップの上司が前に立ちました。

「無事、こうしてオープンの日を迎えることができ、大変嬉しく思います。これからは、このショップが地域の新しい顔として認められるようがんばっていかなければなりません。ここは改装前、県内40店舗のなかでも販売数2位の規模を誇っていました。しかし2位に留まるのではなく、これからは1位を目指したいと思います。なぜ、1位を目指すのか？」常務はそこで私のほうを向きました。

「日本で一番高い山は？　福島店長、どこですか？」

「富士山です」

不意をつかれた私ですが、自信を持って答えました。

「そうです。日本で一番高い山といえば富士山」常務は続けました。

「では、二番目に高い山はどこでしょう？」

「……」答えられない私に、さらに質問が続きます。

「では、日本で一番広い湖はどこでしょう？」

「琵琶湖です」これは、私も自信を持って答えられました。

「では、日本で二番目に広い湖は？」

「……」私は、またもや言葉を失いました。

「答えを言いましょう。二番目に高い山は山梨県の北岳で、二番目に広い湖は茨城県の霞ヶ浦です。ご理解いただけましたでしょうか？　一番と二番には、こんなにも大きな差がある。だから、一番を目指したいのです」


私も、順位にこだわりを持つときにスタッフから言われます。

「十分がんばっていますが、一番でないとダメですか？」

そんなときは、こう答えます。

「必ずしも一番でなくてもいいです。ただ、二番と三番では、ほとんど同じ。でも一番と二番ではまったく違うものだから、せっかくがんばっているなら、その努力を誰よりも認められたい。だから、いつも目指すのは一番だけだよ」

そう言って、今日も一番を目指しています。

MANAGER'S NOTE
店長のノート17

## あなたのチームは、何かで一番を目指していますか？

・自分のやりたいことにゴールはない。

・結果も大事。プロセスも大事。

・せっかくがんばっているなら、一番を目指してみよう。

## 18

# 自分の貢献度を考える

2対8の法則をご存じでしょうか？　全体の数値の大部分（8割）は全体を構成するうちの一部（2割）の要素から生まれてきているというもので、イタリアの経済学者パレートが発表したことから、パレートの法則ともいわれます。

この論文によれば、世の中のお金の大部分は一部のお金持ちが占めているが、それは国や制度の問題でなく、一種の自然現象だから必然であるとのこと。

この話を知って、私は大きく考え方を変えさせられました。

**ビジネスの世界では、売上の8割は、全顧客の2割が生み出している。**
**売上の8割は、全商品の2割で生み出している。**
**全商品の上位20%の品が、売上の80%を占めている。**

私はこの話を「働き蜂の法則」といって、職場でもよく話します。

なぜ蜂の法則かというと、こんな有名な実験があるからです。


ある学者が、働き蜂１００匹を集めて観察する実験を行いました。

するとその集団には、よく働く蜂もいれば、全然働かずにサボってばかりの蜂がいることが見えてきました。その割合は「よく働く蜂が25匹、それなりに働く蜂が50匹、働かない蜂が25匹」と、おおよそ25：50：25に分かれるそうです。

そして、この実験が面白いのはこの後です。最強の組織をつくるために、「よく働く蜂」だけを再び１００匹集めて観察したところ、サボる蜂はもういないと思っていたら、結果は同様で、「よく働く蜂が25匹、それなりに働く蜂が50匹、働かない蜂が25匹」と分かれたのです。

私は前著でこれを「アリの法則」として紹介しました。集団行動で動くアリの世界も、蜂の世界と同様、働き者とそうでない者が自然と出てしまうのです。

では、職場ではどうでしょう。これまで私は多くの店舗を見てきましたが、どのお店でも、「よく働く人、普通に働く人、できない人」に分かれました。

ただし、人は感情を持っています。さきの3分類でいうと、よく働くスタッフから「なんで自分ばかり……」という不満の声が必ずあがります。そんなとき私は蜂の実験の話をして、こう伝えます。「君は2割にあたる大事な人材だ。誰もが平等に働ける完璧なチームをつくるのは難しいし、人を入れ替えても働かない者は必ず出てくるから、このメンバーでいい結果を出すようがんばりたい」

2対8の法則でいえば、重要な2割を解決すれば会社や組織の8割は改善されても、必ず2割のエラー要素は残ってしまいます。言い換えれば、完璧を望むのは無理な話であることを理解しなければいけないという警告なのだと思います。

**優秀な社員も、お荷物のように思える社員も含めて大切にしながら、少しずつでも個々の質を高めていくしかないのです。**

MANAGER'S NOTE
店長のノート18

「よく働く人」

「普通に働く人」

「できない人」

あなたはどれに
当てはまりますか？

・無駄なことに新たな価値のヒントがある。

・完璧なチームにこだわるのではなく、このメンバーで結果を出そう。

# 19

# 自分のためでなく、誰かのために働く

窓口に立つスタッフから、「店長の仕事ってどんなことなんですか？」とよく聞かれます。

店長という仕事は、会社とお客様との接点の場所である店舗を任される責任者で、経験したことのある人でなければ分からないプレッシャーと大変さがあります。たとえば社内だけでも、人事部、経理部、営業部、監査部、本部との連絡、部下との相互連絡。社外では取引先との窓口、近隣店舗や商工会との連携、お客様対応など、じつにいろいろなところから、幅広い要望が毎日のように飛び込んでいます。それをせっせとこなすのが店長という仕事です。

一方で店舗には、とてつもなく大変な繁忙期と、すっかり暇な閑散期があり、それは季節や時間や景気によっても変わってきます。

そのため「店舗は暇でも、店長だけは一生懸命に仕事をしている」ということもよくありましたが、私は店長はそういうものだと考えていました。

それが間違いだと気づかされ、一人の大事な社員を失いかけた事件についてお話しします。

その日、派遣社員の酒江さんは、朝から元気がありませんでした。これは何かあると感じて、業務終了後に面談をすることにしました。

「酒江さん、お疲れさま。何かあった？」私の面談は直球勝負で行います。

「とくに何もないです」暗い表情のままそう答えるときは、必ず何かあります。

私は察して、こう切り出しました。

「酒江さんは、本当によくやってくれているよね。この時期、一番大変な担当業務だよね」

そう言うと……酒江さんが反応しました。

「本当に見ているんですか？　お店が暇なときでもずっと私は大変なのを！」

ちょっと強い口調です。

「店長っていつも裏で何をやってるんですか？　手伝ってもくれないし」

「私は派遣社員だし、暇な時間も何かやってないといけないと思って一生懸命働いているんですからね」

彼女の溜まっていたものが一気に出たような感じでした。

酒江さんから出たその言葉を聞いて、お店が暇なときでも、この社員は店長と同じことを考えて働いていることを悟りました。

人が集まると、そのなかで、自然の摂理によって「働き蜂」と「働かない蜂」に分かれてくる――そのことを忘れていました。

「店が暇なとき、僕も酒江さんと同じことを考えて働いている」

「暇だからといって、おしゃべりしている人がいるのも知っている」

「自分は店長だし、いくら自分が忙しくても、お店が暇なときは、スタッフは息抜きしててもいいかと見過ごしていたんだけど、間違いだったことにいま気づいたよ。ごめん」そう言って、私は彼女に謝りました。

「店長も同じ気持ちで仕事していたとは思わなかったです。私、もう辞めてやろうと思ってたんですよ」

それを聞いて、自分は店長としての役割を納得して、スタッフの息抜きを理解していましたが、同じ窓口スタッフのなかで、同じ時間に「働いている人」と「働いていない人」がいることは、あってはいけないことだと思いました。

私はそれからすぐに次のような標語をバックヤードに貼り出しました。


**「働くとは、ハタを楽にすること　～誰かが働いているときは進んで手伝おう」**

このまま放任していては、自然の摂理にしたがって「働く蜂」と「働かない蜂」が出てきてしまう。管理者としては、働く意味を伝えながら、協力できるチーム組織をつくっていかなければならないと考えての行動でした。

働くとは読んだごとく「ハタ（周り）を楽にする」ことです。職場に働きにきているのであれば、**自分がやることもなく暇であれば、周りの人を手伝う働き方をしてほしい**のです。これは私が働く意味として根底としているものでもあります。

そしてもうひとつ。働くとは、人が動くと書いて、「働」と書きます。

いま目の前にある「机」「ペン」「本」に「パソコン」そして、あなたが「着ている服」なども、**すべてのものが、誰かが誰かのために動いて働いた結果として、そこにあるものです**。この社会にあるものすべてがそうです。

社会生活を営むうえでは、ヒトのハタらきに必ず触れるはずです。そう考えると、自分の日々の動きが少なからず社会の一部として貢献していることを感じられるのではないでしょうか。

「世の中はヒトの仕事でできている」

今日も誰かのためにいい仕事をしましょう。

MANAGER'S NOTE
店長のノート19

## あなたの仕事は、周りを楽にしていますか？

・働くとは、ハタ（周り）を楽にすること。
・誰かが働いているときは、進んで手伝おう。

# 20

# 伝え続ける

部下や後輩を持ち、それを育成、指導する立場になったときに多くの人が陥る壁があります。

それは**「自分の思いは、相手に驚くほど伝わらない」**ということです。

「この話は既にしているんだけどな」「何度同じことを言わせるんだ」

このようなことは、少しでも指導する立場になった方であれば、誰しもが経験しているのではないでしょうか。

今回は、お店のなかに4つのチームとリーダーをつくったときの、リーダーたちの挫折エピソードをお話ししましょう。

「これから毎月、各チームリーダーを中心にしたスタッフ会議を定例化していきます」

あるとき私の発案で、４つのチームをつくることになりました。リーダーの選出にあたっては、スタッフ一人ひとりと面談をして、役職や経験に関係なく、やる気と責任感のある社員から選びました。

そのなかでも、入社3年目で一番経験の浅いリーダーが村下さんでした。


それから2か月ほどした後、村下さんが言ってきました。

「店長、もう嫌です」

「先月決めたサービス案内のチラシ配布、みんな全然やってくれないんです」

スタッフ会議で決めた取り組みをみんながやってくれないということで、自信をなくしているようでした。

「そりゃ、そうだよ。それが当たり前だから大丈夫」

私は笑いながらあっさりと返しました。

「えっ?」村下さんは拍子抜けの様子で聞いてきました。「何でですか?」

「それはだって、店長の自分だって同じ状態だから（笑）。今日の朝礼の話だって、以前に一度しているからね。そんなにみんな完璧にはできないもんだよ」

「はあ」村下さんはまだちょっと腑に落ちない様子です。

「だったら聞くけど、村下さんはみんなに何回くらいその話をした？」

「全体会議のときに1回しただけです」

「それは少ないよ。そんなんじゃ、叶うはずがない。人に考えを浸透させるのって大変なんだよ」私はピシャリと返しました。

「じゃあ、また言ってもダメだったら、どうすればいいですか？」納得できない村下さんはつっかかってきました。

「また言うの」私はあっさり返します。

「それでもダメだったら？」村下さんも食い下がります。

「そしたら、また同じことを言うの」

「それでも？」村下さんはなかなか納得できません。

「うん。そうしたら、なぜかを教えよう」

私はここで話を変えて、村下さんに紙とペンを差し出します。

「自分の思いを叶える。という叶の漢字は、なんて書く？」

「ええと、口に十ですかね？」村下さんも考えながら答えます。

「そうだよ。昔の人が漢字をつくるときに考えたように、叶えるためには、10回口にしないとダメなの。昔からそうなんだから、大変だけどそういうもんなんだと思うよ。だけど、ただ同じことを10回言うだけではダメだからね？　10回チャレンジするんだよ。

そして、もうひとつ。叶えるという字に隠された大切なこと。分かる？」

「ええ？　まだ何かありますか？」村下さんはコピー用紙を見入ります。

「口が……分からないです」残念そうな顔でこちらを見ます。

「正解は、口からプラスの言葉を言わないとダメなんだ」

「プラス言葉！　なるほど、すごい発見！」

村下さんは、「がんばって浸透させてみます」と私に言ってくれました。

人の記憶とは、曖昧なものです。話している本人は一生懸命に伝えているつもりでも、実際には10％程度しか伝わってないのだと思ったほうがいい。だから、**10回言ってはじめて、100％伝えたことになるのです。**

私自身も、1冊の本を書いて感じたことがあります。著者は1冊の本にたくさんの思いとメッセージを込めて、すべてを大切なこととして吸収してほしいと思って書いているのですが、人に読み終わった後の感想を聞くとたいてい、書いたことの2〜3個程度しか覚えていないのです（笑）。私もビジネス書や自己啓発書を読むときは似たようなものなので、文句は言えません。そのため、私も最近は1冊の本にじっくりと時間をかけて、すべてを理解しようと読み込むようにしています。

思いを伝える側にある人は、めげずに伝え続けることが大切ですが、聞き手側も、相手が伝えようとしていることを真剣に理解しようと、少しでも協力姿勢をもって聞くようにすれば、仕事ももっとスムーズに進むのかもしれませんね。

MANAGER'S NOTE
店長のノート20

## あなたの思いは、みんなに伝わっていますか？

・人の考えを浸透させるには、何回でも、何十回でも言い続ける。
・伝わらなければ、相手は動かない。
・時間をかけてでも、粘り強く伝え続けよう。

# 21

# 本音を伝え合う

社長、部長、課長、店長、班長（リーダー）のように「長」のつく立場になると、自分で考えている以上に、その言動は部下から注視されるようになります。そして、良いことも、悪いことも、酒の席などで必ずといっていいほどネタにされています。

そして同時に、部下の心は、「長」の言動に大きく左右されます。

私も店長という立場を長くやっていますから、そのことは心得ているつもりでした。しかし、私のなにげないひとことで、部下のやる気を下げてしまったことがあります。反省を込めて、そのエピソードをお話しします。

私は転勤が多く、これまで、ひとつの職場に3年といることがありませんでした。だいたい1〜2年で次の職場に転勤になり、ゼロからの人間関係づくりを続けています。

そして、そのお店も、ちょうど着任して1年が経つところでした。

私の気持ちのなかでは、自分がいなくなっても、残ったメンバーたちでこのお店をしっかりと守っていけるようになってほしいという気持ちが強くなってくる頃でした。それで意識的に「自分がいなくても……」という言葉を使っていました。そして店舗のリーダー格であるスタッフたちには「しっかり頼むよ」という意識づけのつもりで、後輩指導の動機づけをしていました。

しかし、あるチームのリーダーである酒田さんの意識がどうにもあがらず、「私には無理です」という弱音まで聞こえてくる有り様でした。

「これは重症だぞ」と思い、時間をとって個別面談をすることにしました。

「どうした？　いつもやる気にあふれて前向きな酒田さんが、最近、仕事中に弱音が出るようになったね？　心配になるよ？」

「とくに何もないです」

モチベーションが下がっているスタッフとの面談では、何を話しても、必ずといっていいほど、最初はこの回答しかもらえません。

でも、そこで私は、「そうなんだ。では何かあればいつでも話してね」と話を切り上げることは、絶対にしません。

まず、自分の気持ちを素直に伝えます。

「きっと何か思っていることがあるはずだよ。でないと、そんな暗い表情をするわけないもん」

「自分は店長だから、このお店で起こることにはすべての責任があると思っているので、自分の責任で酒田さんが、そんな気持ちになっていることが嫌なんだよ。だから、何でも話してほしい。仲間のことは言いにくいと思うから、先に店長に対して不満に思っていることを言おうか？」

「大丈夫。全部、店長の責任だから」


するとと酒田さんは、こんな噂が流れていることを話してくれました。

「店長がこの店を見捨てて、他の店に行きたがっている」

私は正直ビックリしました。どうしてそのような話になっているのか？

しかも酒田さんは、それがきっかけでやる気をなくしていると言うのです。

「これはやばい……」と思いました。

「詳しく教えてもらっていい？」焦る気持ちを抑えて話しかけます。

「私もまた聞きなんですけど、店長がそう言ってたって、この前みんなで仕事終わりに食事に行ったときに話が出たんです。その子も他の人に聞いたと言っていたので、お店のスタッフのなかではそういうことになっていますよ」

それを聞いて少し安心したものの、大反省をしました。

「それは誤解だよ。確かに最近、『自分がいなくても……』ということを言っているかもしれない。だから、それが店を見捨てて異動したがっていると感じさせてしまったのかもな。でも、そんなことを話したことも、思ったこともないよ。いまのお店はこの1年で見違えるほどいい店になった。それは感じるよね？」

「はい。それは思います」酒田さんの表情も少し柔らかくなってきました。

「でしょ？　ここまで一緒になってやってきたお店だから、ずっとここで働きたいと思っても、店長だけはそうもいかない会社の事情もあって、残ったメンバーでしっかりと守っていけるようにとつねに思っている。それが違うかたちで伝わってしまったようで反省している。見捨てるなんて絶対にない」

「それを聞いて安心しました。自分の悪いところを言えだなんて、店長ってメンタル強いですね（笑）」


ようやく酒田さんに元の笑顔が戻りました。


そこで今度は私が酒田さんへ感じていたことを伝えることにしました。

「いやー、今回は本当に反省した。やっぱり上に立つ者の言動って、とくにネガティブなことになるとすごく影響を与えるんだね」

本人に自分を振り返ってもらおうという思いで話しました。

「あっ、もしかしたら酒田さんも最近ネガティブ発言が多かったよね？　これは店長のせいだったんだね……ごめん」

「でも、もしかしたら、そんなことを知らずに酒田さんのネガティブ発言を後輩たちが聞いたら、同じように『先輩がそんなふうに考えて働いているなら、私もやる気出して働くのは馬鹿らしいな』と思わせてしまったかもしれないね……」

酒田さんも、ハッとした表情をしました。

「明日からは、お互いみんなへの信頼回復のために、一緒にがんばろうか！」

そう約束して1時間に及ぶ面談を終了しました。


**上司に本気の信念がなければ、部下はなかなか本音を話してくれません。**

さらには、そうして本音を話すことのないまま自己都合を理由に辞めてしまっている人は多くいると思います。それがもし行き違いによる誤解なのであれば、こんなに悲しいことはありません。

**上司の気持ちを部下に分かってもらうというのは、なかなか難しいものです。なぜなら、部下は上司の経験をしたことがないからです。**だからこそ、互いにきちんと思いを伝え合うことが大切なのではないでしょうか。

辞められたくないと思っていた人に去られるのは、上司の部下に対する思いが弱いか、もしくはそれが伝わってないからです。

MANAGER'S NOTE
店長のノート21

## スタッフは
## あなたに本音を
## 話してくれていますか？

・「なぜ？」は理由を聞く言葉。

・「どうしたの？」は気持ちを聞く言葉。

・感じたことを素直に伝えてみよう。

# 22

# ほめる

最近では部下は、ほめて伸ばすのがいいとよくいわれますが、ほめるのが苦手な上司は多いものです。

原因としては、2つあります。

ひとつめは部下が上司よりも優れているときです。残念なことですが、この場合、多くの上司にはプライドもあり、素直に部下をほめることができません。

2つめは上司が部下よりも優れているときです。これは本来、当たり前のことであり、だから、あなたの上司なのです。しかし、この場合の多くは、自分の「ものさし」で相手を測ってしまうために、部下をほめることができなくなってしまうのです。

私が新しいお店に着任した後に、必ず行うのが役割分けです。これは自分の仕事に責任感を持って働いてほしいと思うことと、この職場に自分の存在感を感じてもらうためのものです。

この役割分けをして仕事を任せるときに、必ず自分に言い聞かせる言葉があります。それは **「20点で合格点」** というものです。

そのお店では役割分けのほかに、お店のスタッフを4チームに分けて、各グループにリーダーをつくっていました。

グループリーダーの仕事は、チームのメンバーの面倒を見ることと、月1回のリーダーミーティングに参加し、前月の取り組みと今後の対策を考えることでした。

販売リーダーの辻木さんは、2日後に迫ったミーティングに向けて資料をまとめていました。

「あー、どーしよう」

頭をかかえて悩む彼女を見て、進捗状況を確認しようと声をかけました。

「どう？　できてる？」

「ダメです。ひととおりはできましたが、私、パソコン苦手なので。考えることはできても、うまくまとめることができないんです」

まだリーダーになって2か月の彼女には初めての経験でプレッシャーも大きかったようです。

「じゃあ、いまの段階で出来栄えは何点？」と聞いてみました。

「うーん。50点です」と彼女は答えました。

低く言ったつもりなんでしょうが、私は、

「それなら十分だよ。すごいすごい」と評価しました。

「ええ？　何でですか？　50点ですよ」と拍子抜けした顔をしています。

「だって20点とれば合格だから、50点とは予想以上にがんばってるよ」

私がそう言うと、悩んでいた彼女の顔が明るくなりました。

「そう言ってもらえて気が楽になりました。ずっと憂鬱でダメだと思ってましたけど、もう少しがんばって100点に近づけてみます」

そう言って前向きさを取り戻しました。

「仕事は楽しみながらやらないとね」最後にアドバイスしました。

**ほめることの目的は、がんばっていることを認めて、相手のモチベーションを高めることです。**

結果を求めることは重要ですが、「ほめること」と「結果を出すこと」は別と考えなければ、素直にほめることはできません。

今回の場合も、本人の評価は50点でも、それよりも何年も長く働き経験も積んできている店長の立場から見た評価では、本当に20点くらいしかないのは当然のことです。いつも自分のものさしで部下の仕事の成果を計っていては、ほめることもできなくなってしまいます。

そのために私は、自分自身の仕事にも、こんな言葉を言い聞かせています。

「自分のものさしでは80点でも、人のものさしでは20点ってこともある」

そうすることで、自分の仕事を自己満足で終わらせないようにし、つねにクオリティをあげようと努力をしているわけです。

部下をほめるために、そして上司にほめられるためには、決して自分のものさしでは測らないこと。

**「自分に厳しく、部下には優しく」**ですね。

MANAGER'S NOTE
店長のノート22

## スタッフを
## ほめていますか？

・ダメな指導者はいても、ダメな生徒はいない。

・自分のものさしで部下を測ろうとしない。

・「ほめること」「結果を出すこと」は分けて考えよう。

# 23

# ねぎらう

「ほめる」と「ねぎらう」は違います。**ねぎらうほうが圧倒的に簡単です。**「ほめる」は条件付きの言葉で、「ねぎらう」とは無条件の言葉だからです。

もう少し分かりやすくいうと、ほめられるためには、何らかの結果を出して、それを認められなければいけませんが、ねぎらいの言葉は、「がんばってるね」「ありがとうね」というように、結果とは関係なくもらえるわけです。

その日は、あるメーカーの最新機種の発売日で、その対応のために、いつもより2時間も早く、朝8時からの開店準備が必要でした。といっても全員が早朝出社するわけではなく、準備に必要なのは、3名ほどのスタッフでした。

店長の自分はまず出社するとして、残る2名は、役割分けのなかから、ディスプレイを担当するスタッフに出勤してもらうことにしました。

「ごめん。悪いけど、早朝出社は田仲さんと酒江さんでお願いします」

「分かりました。でも朝早いの苦手だなー」

少し愚痴も聞こえてきましたが、ディスプレイの準備が必要なことは、役割担当として当然理解してくれているものと思っていました。


朝8時からの準備は、2人のおかげで問題なく片づきました。

それから通常業務で夜7時まで長い一日が終わり、田仲さんが業務を終えて帰ろうとするのが見えたので、声をかけました。

「今日は朝早くから、ありがとうね」

「もう私は朝からカギ開けで一番長く働いているんですからね。今日は眠たいので早く帰って寝ます！」

「本当に助かったよ。ありがとう」普通に早朝出勤をねぎらっただけでした。

翌日、私が裏でパソコン業務をしていると、田仲さんがやってきました。

「昨日、店長が帰りがけに言ってくれた、今日はありがとうって言葉……家に帰って、お風呂のなかでじわじわと効いてきました」

彼女は、わざわざ嬉しかったことを伝えにきたのです。

それを聞いて、私は、ねぎらいの言葉の大切さを実感しました。

**その人がやって当たり前のことだと思っていても、それを見ていてくれる人がいて、ねぎらいの言葉をかけてもらうことで、「ああ、自分のやったことが認められた、また明日もがんばろう」と思うモチベーションにつながるのです。**


とくに接客業の場合、つねに笑顔が基本です。でも人間ですから、朝から体調が悪いときや疲れているときもあります。笑顔をつくる余裕がなくても、それでも毎朝出社して、窓口に立ち、お客様の前で笑顔を見せてくれていると思うと、それだけで「今日もあなたのおかげで無事にお店を開けられるよ」と、ねぎらうことができるはずです。ほめるよりも前に、ねぎらうことが大切なのです。

MANAGER'S NOTE
店長のノート23

## スタッフの心に響く
## ねぎらいの言葉を
## かけていますか?

・ねぎらいに結果は関係ない。

・当たり前と思っていることでも、ねぎらおう。

*24*

# 機嫌で仕事をしない

社員は何を見て仕事をしているのでしょう？

会社の業績をあげるため？　自分の給料をあげるため？　自己成長のため？

社員が長続きせずにすぐに辞めてしまう会社と定着率の良い会社の違いは、この理由を分かっているかどうかにかかっていると実感しています。

「今日の店長は、機嫌が悪い」

この言葉は店長の知らないところで交わされているようです。

ある日、連休明けで溜まっていた仕事をバックヤードで一人淡々とこなしていたところ、店舗のリーダーである筒地さんが遠慮がちに話しかけてきました。

「店長、いま時間もらって施策の確認をしてもらっていいですか？」

「うん。いいよ」仕事の手を止め、彼女のほうに向いて話を聞きました。

「どうもありがとうございます！」打ち合わせも終わり彼女が去ると、しばらくして別のリーダースタッフがバックヤードに入ってきました。

「私も時間とってもらっていいですか？」

「ああ、大丈夫だよ。なになに？　急に次々と」

すると、思ってもなかった答えが返ってきました。

「今日は店長、朝から機嫌が悪いと思ってて遠慮してたんですよ。そしたら筒地さんが、全然普通だったよって言うんで」

そんなつもりはなかっただけに、深く反省しました。

「ごめん。そんなつもりはなかったけど、自分の仕事に集中してたからかも」

私は素直に謝りました。

「スタッフの間ではけっこう、今日は店長の機嫌がいいとか悪いとか話していますよ。販売が売れていないときなど、たまに店長が朝からピリッと感を出して話をすると思うんですけど、そういった日はみんな店長の機嫌を戻さないと、って言いながら、いつも以上にがんばるんですよ（笑）」

思い返すと、そういった日は、スタッフ側から「店長売れましたよー」「がんばりましたよ！　ほめてください」という声をよく聞くような気もします。それを聞いて嬉しいような、申し訳ないような複雑な気持ちになり、聞きました。

「それっていい意味で？」

「うーん。たまにピリッと感は必要だと思うんですけど、ちゃんと理由を話してもらえないと分からないです」

なるほど、**職場の雰囲気を決めるのは「長」の名のつく立場の機嫌なの**だと、あらためて思い知りました。

会社の業績を見て仕事をしているのは、役員クラスの経営陣です。

一方、現場の社員は日々、何を見て仕事をしているかというと、お店のボスである店長の顔色です。

もちろん仕事で結果を出し、会社の業績をあげて、自分の評価をあげ、給料を増やしたいとがんばっている人もいます。ただ、ほとんどの社員はそこまでは考えていません。見ているのは、指示を直接出す直属の上司からのねぎらいです。

会社の数字がどうやってつくられているかを考えると単純です。現場の上司が「○○をやるぞ」と方向性を示すから、その期待に応えようと社員が努力するのです。

部下は会社の方針などよりも、「あなたが言うからがんばったんだよ」という思いのほうが強いのです。

だから、業績や自分の評価に重きを置き、「自分のためにがんばってしまっている人」が上司になってしまうと、部下は辞めてしまうのです。

とくに「この会社でがんばるぞ」と入社し、これからできることを増やしていこうという新人が、会社のために働いてくれる社員に成長するかどうかは、この上司からのねぎらいの言葉が大きく影響をします。

しかし、ただ単に「ご苦労さま。がんばったね」などという言葉をかければいいわけではありません。

「期待に応えたい」「またがんばりたい」という気になるようなねぎらいが大切です。

そのためには、上司であるあなたが何を見て仕事をしているかが大事です。

現場の社員は上司の顔色を見て仕事をしているのが本音ですが、店長やマネージャーの立場にあるような人まで、上の顔色を見て働いてほしくはないのです。

**上司の立場にある方に持っていてもらいたいのは、「部下のために働く」という気持ちです。**

私は職場ではいつも、そのことしか考えていません。そうでなければ、部下の心に響くねぎらいの言葉などかけられるはずがないと思うからです。

MANAGER'S NOTE
店長のノート24

## あなたはいま、どこを見て仕事をしていますか？

・上司の才能とは「部下の力を何％引き出せるか」にある。

・上機嫌は職場の雰囲気を良くし、不機嫌は悪くする。

・上の顔色よりも、現場を見て仕事をしよう。

# 25

# 職場の全員と話をする

店長とは孤独なポジションといいますが、私はそれではいけないと思います。店舗で起こるすべての問題は店長が責任を負わなければなりませんし、また、30代、40代と年齢を重ねていくにつれて、20代の若手スタッフとの共通話題が少なくなるという、いわゆるジェネレーションギャップも生まれてきます。そうしたことから、店長はどうしても孤独になりがちなことは確かです。

そんななかで、店長は多くのスタッフたちと、どうやってコミュニケーションをとっていけばいいのでしょうか。

新たな店舗に異動が決まり、着任まであと1週間となった頃のこと。まだ顔も合わせていないそのお店のチーフスタッフから、1通のメールが届きました。

「福島店長、はじめまして。来月からお世話になります。すでに考えておられるかもしれませんが、着任されたら、まずスタッフのみんなと面談を持っていただけますでしょうか。お忙しいことと存じますが、みんな期待していますので、どうぞよろしくお願いいたします」要約すると、このような内容でした。

初対面で、着任前に面談を頼まれたのは初めてでした。これは何か問題があるんだろうと覚悟を決めて、初日にのぞみました。

「さっそくですが、店舗全体の状況を知りたいので、副店長とチーフから順番に、面談の時間をとらせてもらってもいいですか?」

チーフに頼まれるまでもなく、私が新しい職場へ着任したときには、必ずスタッフ一人ひとりとの面談を行うようにしています。

まずは副店長からです。雑談と業務確認ののち、私はさっそく聞きました。

「この店の問題点を教えてください。実績面は数字を見れば分かりますから、それ以外の、目に見えないところです」

「…………」私の突然の質問に、無言の空気が流れます。

「たとえば、人の面ではどうですか？」具体的に水を向けると、副店長はようやく話しはじめました。

「スタッフ同士の人間関係は良好です。少し仲良しすぎるくらいです。ただ店長とはあまり話をできていないかもしれません」

「そうなんだ、じゃあ、どうしたらいい？」

「まずは、みんなと面談してあげてください」

副店長からも面談を頼まれました。

「次、村下チーフいいですか？」メールをくれたスタッフです。

「ちょっと遅くなったけどごめんね。メールの内容から察するに何かあるね？職場で起こることはすべて店長の責任だし、店長にしか解決できないものだから思い切って話してもいいよ？」できるだけ話しやすい雰囲気にしてから本心を聞きたいと思い、そのように切りだしました。

「はい……。私がチーフになったのが1年前なんですが、責任ばかり感じてしまって、どうしたらいいか分からず、悩んでても何も教えてもらえないまま1年が過ぎてしまいました。上を頼ることも、下の子をうまくサポートしてあげることもできなくて、家で泣いたこともあります……」

それを聞いて、私は村下さんに心から思いを伝えました。

「大変だったんだね。もう大丈夫だから安心していいよ。僕がこだわりたいのは、チームで結果を出したいということだけなんだ」

「本当ですか？　言い切りましたね（笑）」彼女も肩の力が抜けたようです。

さて、約束をしたからには実行に移さなければなりません。

チームで結果を出すためには、店長が孤立していたり、嫌われものであったりしてはいけないと考えています。なぜならば店長もチームの一員だからです。

そこで副店長とチーフからの要望にあった、スタッフとのコミュニケーションをとりやすい環境をつくるプロジェクトをスタートしました。

まずは**席替え**です。店長の席を休憩室に向かう通り道に移し、休憩するたびに必ず店長と顔を合わせなければならないようにしました。また、店長の席の両隣に共用パソコンと作業スペースを設置し、みんなが仕事をするときには店長の周りに行かざるを得ない環境をつくりました。

次に行ったのが、**役割分担**です。仕事を細かく担当別に分けて、全員に何らかの役割を任せることにしました。そして言いました。

「任せたからには頼るけれども、困ってるときは必ず助けるから、一緒にがんばりましょう」

そして、**ミーティング机を店長の席の前に設置**しました。これでスタッフ同士の面談や打ち合わせも、私の目の前で行われるようになりました。任せた役割の進捗状況もここで確認をします。

最後にスタッフたちが息抜きできるようにと、**店長の机の端にお菓子や飴を置き、ケータリングコーナーをつくりました。**

このようにして接点が増えれば、あとは小まめに声をかけるだけです。こうして部下との距離を縮めるのです。

これまでいくつもの店舗を転々としてきましたが、多くのお店で「こんなに店長と話をしたのは初めて」と言われてきました。それほど、店長やマネージャーと現場スタッフとの会話はまだまだ少ないということを実感しています。


スタッフ育成のインストラクターをしている房士さんが、ある会議の席でこんなことを言いました。

「店長のみなさんには、今回研修へ送り出していただいたスタッフへ向けて、本人には当日まで内緒のメッセージを書いていただきました（20ページ参照）。研修の最終日にメッセージを渡しましたが、それまで自信なさそうに暗い表情をしていたスタッフも、このときだけは、みんな目を輝かせながら店長からのメッセージを読むんです。いつもこのときに思うのが、私たちが研修プログラムで数日かけて伝える内容も、店長からのひとことにはかなわないということ。

それだけ店長の言葉って重みがあるんですよ」

店長に限らず、上司の立場にある方は、このことをぜひ心に留めておいてください。**とくに、新入社員の時期に上長からもらった言葉は、間違いなくその人の力となります。**

それくらい、スタッフとのコミュニケーションを大切にしてほしいのです。

MANAGER'S NOTE
店長のノート25

## 部下や同僚から「ありがとう」の言葉をどれだけもらっていますか？

・上司の周りは人の集まる場所。

・信頼は、話すことで高めることができる。

・上司と部下が話しやすい環境をつくろう。

## 26

# 経験したことのないことにチャレンジする

初めてのことを任されると、誰もが不安になるものです。

とくに役職となると、その役職を経験した人にしか分からない世界があり、いくら書籍や講義で「店長とは」「リーダーとは」と勉強しようとしても、その大変さや面白さはなかなか伝わりにくいもの。そして結局のところ、経験しさえすれば自然と実感できてしまうのです。

あるスタッフに、こんなアドバイスをしたことがありました。

そのスタッフは、地元を出て自分の視野を広げたいという理由で、長崎から名古屋へと転勤希望を申し出てきた辻木さんという女性でした。私のお店があった長崎ではチーフを務め、人望があついことで知られていました。

彼女が名古屋に異動してから3か月が過ぎた頃、不安そうな声で私に電話がかかってきました。

「店長～どうしよう」

「どうしたの？」私は何か大きな失敗でもしたのかと心配になりました。

「あのですね、4月から副店長をやってほしいと言われたんですよ」

それを聞いて「なるほど」と思いました。彼女が副店長という役職にネガティブなイメージを持っていたのを知っていたからです。

「へえ、辻木さんにもついにそのときがきたか」辻木さんの本心を探ろうと、私はあえて良いとも悪いとも言わないようにしました。

「それで？　なるの？」

「うーん、言われたときは嬉しいとも思ったんですけど、私は管理業務も向いてないと思うし、指示を出したりするのも苦手だし、本当にできるのか不安なんですよ」

「そうか、少しでもやりたい気持ちがあるなら、やってみたほうがいいよ。世の中、経験してみなければ分からないことだらけだから！　逆に経験したくてもできないことのほうが多いんだからね」

「そう言われると、そうですね」

まだ思いきれないようなので、続けてその理由を伝えました。

「どうして経験しないより経験したほうがいいかというと、いいことも嫌なことも経験しておけば、相手の気持ちになって考えてあげることができるようになるからだよ。もし自分に合っていないと思ってやめたとしても、一度でも経験しておけば、次に同じような立場の人を見たときに助けてあげられるから」

そして、こう聞きました。

「働くって何だったっけ？」

「覚えてますよ。ハタを楽にするでしょ！」

「そうそう、正解！　幸せの反対は何だったっけ？」

「えっと、何だっけ？　幸せの反対は幸せだ」

さすが1年間一緒に働いたチーフです。ちゃんと覚えてくれていました。

「そうだよ！　それが分かっていれば大丈夫だから。迷ってるならやってみたほうがいいよ」

「分かりました！　自分なりにやってみます」

そう言って、彼女は一歩成長のステップを踏み出しました。

**経験するとは、ひとつ優しくなれること。**

「できる」「できない」は関係ありません。やってみることで、同じことを経験している人の気持ちが分かるようになればいい。そのことのほうが、はるかに貴重なのです。

人の気持ちなんて、分かってあげたくても、分かってあげられないもの。でも自分が同じような経験を少しでもしていれば、自分もこんなことがあったよと、体験談を話してあげることができるようになるのです。

やってみてできなければ、逃げたって全然いいのです。

ただし、自分は経験したことがあるからといって、それを盾にして批判ばかりする人にだけはなってほしくありません。

経験もしないで批判ばかりしている人は、経験もできない可哀想な人。
経験があるからといって批判ばかりしている人は、成長できない可哀想な人。
頼られる人は、それだけ経験もしてきている人。

せっかく経験したからには同じように悩んでいる人を助けてあげたいですね。

MANAGER'S NOTE
店長のノート26

## 新しいことに
## チャレンジする人を
## 応援していますか？

・年の数よりも、経験の数。
・無難に生きるよりも、有難いと生きよう。

27

# 失敗を成長の糧にする

新しいお店に着任したときに感じる空気があります。多くの場合、その環境で長く過ごしている人たちの間では、その空気が当たり前になっているので、要注意です。

私は少しでも不穏な空気を感じたら、すぐに空気を入れ換えるように心がけています。

ある店舗に着任した早々、そのお店に「失敗を許さない」という空気が張りつめているのを感じました。

そしてそのお店には、何かあるとすぐに謝ってくるスタッフがいました。彼の名前は長谷さんといいます。

「すみません店長、やってしまいました……」

長谷さんは週1回のペースで失敗の報告にきました。

「やってしまったって、何を?」私は冷静に聞きます。

「お客様のプランを間違えて登録してしまいました。すみません」

「なるほど、そうしたら修正を依頼するから、詳しく教えてください」

またあるときは、こんなことで謝ってきました。

「店長、遅くなってしまってすみませんでした」

「いやいや、最後のお客様に応対してて遅くなったんだから、そんなに申し訳なさそうに謝らなくても。逆に帰るのが遅くなってごめんね」

こんな具合です。どうも、謝り癖がついてしまっているようでした。

しばらくして副店長から相談されたのは、長谷さんのことでした。

「長谷さんの指導なのですが、周りのスタッフから苦情があるんですよね」

「え？　どんな苦情です？」何かの失敗の件かと思い、聞きました。

「スタッフが言うには、ミスをしたことを注意しても開き直ったかのような態度をするらしいんですよ」

「そうか、なかなか難しそうな問題だね……でも彼は入店してまだ半年。これまでの間にきちんとした育成をしてきたのだろうか？」

「うーん、そう言われると不十分なところもあるかもですね」

それを聞いて、私は言いました。

「分かった、ちょっと様子を見たいので預からせてもらえる？」


そしてほどなく、休憩室に貼ってある手書きの紙を見つけました。

「これは何？」事務処理担当の町井さんに聞きました。

「店長、この前の長谷さんの修正ミスの件ですよ」

「この店はミスが多いので、ミスをしたときは、その内容と再発防止の反省文を書いてもらって、休憩室に貼り出すことにしているんですよ」

それを聞いて私も苦笑いでした。

「ここが公開処刑場なんだね。ちょっとその方法は見直したいな」

私はすぐに自分の考えと代替案を話しました。

「まず、お店で何かミスがあったとき、アイツのせいでこっちが大変だとか、迷惑がかかるというふうに、矛先が当事者にばかり向くような職場では、みんな萎縮するばかりで誰も成長できなくなるんだよ。だから、ミスがあったときは2つのことを考えるようにしたいんだ。

まずひとつめ、当事者は失敗したことの反省に時間を使うよりも、改善策に時間を使ってほしい。

2つめ、失敗は本人の責任もあるけど、失敗を出させてしまう環境にしていた周りの責任が大きいと考えてほしいんだ」

「えー。分かる気もしますけど、甘くないですか？」町井さんは半信半疑です。

「だって、みんな難しい仕事をしてるんだからね。何も失敗してない人って知ってる？」

そう言うと、町井さんも首を横に振ります。

「1回目のミスは許そう。そして改善策をすぐ打とう。それでも同じミスを繰り返してしまったら、そのときは大いに反省してもらおう。これならどう？」

「店長がそう言うなら、今度からは、失敗の共有は注意喚起を目的に行うようにみんなに話すようにしましょう」

「理解してくれてありがとう」

次に、張本人である長谷さんと話をしました。

「長谷さんって失敗を気にするよね？」単刀直入です。

「すみません」

「いやいや、そんなに謝らなくても大丈夫。人生の半分は失敗でできているんだからね。50点できたら合格」

「そんなにですか？」

**「すべてがうまくいくのは不可能な話。だから半分できれば上出来。成功と失敗**

**が6対4なら勝ち組。**それくらいでちょうどいいんだよ。失敗しないと成功もないし、成功ばかりだといつか大きな失敗をしてチャラになるから。小さな失敗をたくさんしていたほうが傷は浅くてすむよ。長谷さんはそっちのタイプなんじゃないの？」

「そうなんですかね」長谷さんはまだ不安そうに答えます。

「そうやって、ちゃんと悩んでいるうちは大丈夫。失敗を責められたくなかったら、やってほしいことが2つあるんだ」

「何ですか？」少しだけ前向きになってくれました。

「まずひとつ、失敗を悔やむよりも改善策を考えること。次に、何でもいいから誰にも負けないことをひとつ作って、周りを認めさせること」

そう伝えて面談を終了しました。

その翌日、長谷さんはさっそく行動に移してくれていました。

「店長、これ作ってきたんで、見てもらってもいいですか？」

自信ありげな長谷さんを初めて見ました。

「来月から始まる新しいサービスについて、まだみんな知らないと思うので、詳しく調べてきました。朝礼の時間を使って勉強会をさせてもらってもいいでしょうか？」

まさか、そこまでやってくるとは思わなかったので、私は心から嬉しく思いました。

これでようやく、このお店にもいい空気が流れはじめたようです。

上は下を叱るもの。私は、この考え方には真っ向から反対です。

失敗した人が悪いのではなく、ミスが起きる職場環境で働かせている管理者の責任と捉えてほしいのです。

「ミスの起きる職場になっていることのほうが問題だ」この考え方です。

そもそも整理整頓ができていなくて分かりにくいんだから――

チェックするためのマニュアルもなくて、ルールも曖昧な状態なんだから――

勉強するための時間も作ってあげられてないんだから――

その環境を整備するのが管理者のやるべきことです。

失敗を叱ることだけが上司の仕事では、決してないのです。


店舗に新入社員が入ったとき、私は最初にこう教えます。

「早く失敗をしなさい」

当然、「え?」とビックリされます。

私はそこですかさず、こう続けます。

「成功の反対はなんでしょう?」

「失敗ですか?」と答える人がほとんどです。でも、それは不正解。

正解は、「何もしないこと」です。何もしなければ、成功も失敗もありませんから。

できるようになろうと一生懸命に努力した結果が失敗ならば、そこから改善策を考えることが成長なのだと思うのです。成長につなげるために、あえて失敗をさせるという考えです。

部下の仕事は失敗しながら成長すること。
上司の仕事は失敗しない環境を整えること。

MANAGER'S NOTE
店長のノート27

# 「失敗してくれて
# ありがとう」
# と言えますか？

・100のアドバイスより1つの失敗。

・失敗はチャレンジの結果。

・失敗は責めない。やらなかったことを責める。

# 28

# 人を動かすときに大切なこと①

「販売とは何ですか？」と聞かれたら、みなさんはどう答えますか？

一般には「モノを売ること」ですが、それが接客販売になると、普通に考えれば、「お客様に商品を説明しながらモノを売ること」となるのでしょうか。

私も接客販売に携わって10年以上となりますが、ある研修を通して、販売とは何かを教えられました。

講師はバリバリの関西弁を話される、宇藤さんという方です。

「ええですか？　販売ちゅうのは、お客さんの2つの扉を開くことなんです。

ひとつめは、**時間の扉**。まず話を聞いてもらうには、『時間がとられそうなんで聞きたくない』という心理をなくしていかないとあかんのです。分かります？

で、もうひとつが、**買わされるという心の扉**。話を聞いてしまうと買わされるんちゃうんかという心理がはたらくと、なかなか話を聞いてもらえんのですわ。これを取り払うには、売る側に『売ろう』という気持ちがあるとダメなんです」

どういうことなのでしょう。宇藤さんは続けました。

「売るんじゃなかったらどうします？　誰かに聞いてみましょ。ほんなら、こちらの福島さん」目が合ってしまった自分が当てられました。

「先生、すみません。これ僕、答え言えちゃいますわ」

「ほな、やめとこ」といったんは返されましたが、結局言うことになりました。

「福島さん、間違ってたら大恥でっせ？　ほな答えてください」

「売るんじゃなくって、紹介するんです」

「そうです、正解！　やっぱり言わせるんじゃなかったわ。

売ろうという気持ちが前に出すぎると扉をさらに閉められてしまうから、**売るんじゃなくって、知っていることを紹介するだけ。**これが販売員として大事にしないといけない心がまえなんです」

なぜ私がそれを知っていたかというと、たまたまその1年ほど前、スランプに陥っているスタッフへのアドバイスを考えていたときに、ある心理学の本に書いてあったのです。それは**「心理的リアクタンス」**というものです。

人は自由を奪われることを心理的に拒みます。とくに強制されると、たとえそれが良いことと分かっていても、拒みたくなる心理がはたらくそうです。

子どものとき、学校が終わって家に帰り、「今日は宿題が出たから、やってこう」と思っていたら、お母さんが「あなた宿題はやったの？」と言ってきました。このとき、「いま、やろうと思ってたのに！」「やる気がなくなった」と不愉快な気持ちになったら、それは心理的リアクタンスがはたらいているわけです。

販売でも同じことで、「売ろう」という気持ちが前に出すぎると、買うつもりだったお客様も「自分で選んで買おうと思っていた」という気持ちが強くなり、「今日はやめておこう」となってしまう可能性があるのです。

MANAGER'S NOTE
店長のノート28

## 「売ろう」「指導しよう」という気持ちが前に出すぎていませんか？

・販売のキモは、2つの扉を開くこと。

・人は強制されると心理的に拒みたくなる。

# 29

# 人を動かすときに大切なこと②

宇藤さんから伺った話で、もうひとつ心を動かされたエピソードがあります。

彼が携帯ショップにスマートフォンの販売研修に入ったときのこと。フロアでお客様を待っていると、お婆さんが大きなカバンを抱えて店に入ってきました。

「お婆ちゃん、荷物預かるわ。今日はどうしたの？」

宇藤さんは、汗だくのお婆さんに優しく声をかけました。

「携帯電話の操作が分からんでな。ちょっと教えてな」お婆さんが使っていたのは、文字の大きな簡単ケータイでした。

「そうか、分かったよ」お婆さんに操作の説明がひととおり終わったあと、宇藤さんはせっかくだからと、スマートフォンの紹介をしはじめました。

「お婆ちゃん、スマホって知ってる？」

ところが、このひとことで、彼女は急に怒り出しました。

「あんた、いまの簡単ケータイですら使えんあたしにスマホを売るんかい」

「そやな、こんなん無理やな」宇藤さんはあきらめて、すぐに切り上げました。

「そしたら、あたしは帰るで」

お婆さんが立ち上がるので、宇藤さんは彼女のカバンを持って言いました。

「こんな重い荷物、何入れてんの？」そこでお婆さんの目がきらめきました。

「見るか？」そう言うと、カバンから5冊のアルバムを出してきました。そこに綴じられていたのは、お婆さん手作りの絵手紙でした。

「これが趣味なんよ。みんなに見せとうてな」

そう言って嬉しそうに1枚ずつめくりはじめました。

「確かにうまいなー。ちょっとタブレットの絵の見本に撮らせてや」

宇藤さんは感心しながらお婆さんにそう言うと、持っていたタブレット端末のカメラ機能を使って、お婆さんの絵手紙を撮りはじめました。

「これでいつでも見られるし、拡大とかも指で簡単にできるんやで。これうちの職場のメンバーにも見せたいから、ネットに共有してもええかい？」

「ネットに共有って何や？」

自分の描いた絵が簡単に電子化されたのを見て、お婆さんも関心を持ったようです。

「お婆ちゃんのように絵が好きな人が、自分の描いた絵を見てもらおうと思って投稿しとるコミュニティサイトっちゅうのがあるんやけど、お婆ちゃんには無理やけ、やめときな」

「見せるだけ、見せてや」お婆さんは目を見開いて聞いてきました。

「インターネットで絵手紙って検索するだけや。こんなふうにたくさん出てくるやろ？」

宇藤さんがそうやって見せると、お婆さんは先ほど怒ったのはどこへやら、こう言い出しました。

「これ欲しい。買う」

「いやいや、冷静になり、お婆ちゃん。ケータイも使いこなしてないんやで？」

「大丈夫や。好きなことなら覚えられるわ！　それに、これがあればカバンの荷物も要らんようになって楽だしのー。こんなことができるなんてよ、知らなんだよ。あんたが教えてくれたんやで」

そう言って嬉しそうにタブレットを買って帰ったそうです。

宇藤さんはこの話を通じて、大事なことをひとつ教えてくれました。

それは、**「いらないいんじゃなくて、知らないだけ」**ということです。

これもまた、売れないと自信をなくしているスタッフに向けて、私がいつもアドバイスしていることでもあります。

売る技術から教えられたスタッフは、「売れればいい」という結果主義の傾向が強くなります。一方、考え方から教えられたスタッフは、「お客様に喜んで買ってもらう」というお客様主義の傾向になります。

結局は「決めるのはお客様」という視点に立てば、売れる売れないということに悩むよりも、「伝わったか？」「喜んでもらえたか？」という考え方ができるようになるはずなのです。

**大事なのは、売る技術よりも、売り手自身の人間性**なのだということに気づかせてあげることです。

指導される立場にあるスタッフたちにも同じことがいえます。

店長やマネージャーとして人を指導する立場になると、スタッフに言ったことがなかなか伝わらなかったり、思うように実行されなかったりすることは日常的にあります。こんなときに自分を納得させる言葉として、私はこれを使います。

「できないんじゃなくて、知らないだけ」

みんな納得しなくちゃ動けない。動いてほしければ教えなきゃダメなんです。

「やらないんじゃなくて、知らないだけ」

そうして、またひとつずつ自分の伝え方を見直していくのです。

MANAGER'S NOTE
店長のノート29

## あなたの話は
## 相手の心に
## 伝わっていますか？

・人は納得しないと動けない。お客様もスタッフも同じ。

・結局のところ決めるのはお客様であり、本人。

# 30

# がんばりすぎない環境をつくる

会社でも店舗でも、目標や事業計画を追うことが求められます。

その計画は通常、年間で組まれ、月別の予算に分けられて管理されています。

今月は予算どおり達成できたとしても、また来月はそれがリセットされて、その月の計画を追っていく。

「長」の名のつく管理職は、この数字に責任を持たなければなりません。


定例の店長会議が終わるといつも、懇親を深める飲み会が開かれます。

「進賀店長のところ、今月調子いいじゃないですか」ある店長が言いました。

「いやいや、今月だけですよ」進賀店長がすかさず返します。

「確かに、今月が良くても、継続できないと意味がないんだよね」別の店長から鋭いツッコミが入ります。

「継続させるのが難しいんですよね。来月はどうなるか分かりません」進賀店長からも思わず本音が出ます。

「継続できてこそ、本当の実力」何かで聞いたことのある言葉ですが、そんな話から、どうして継続させるのは難しいのかという話になりました。

「うちのスタッフは、いい実績が出た月は、雰囲気も良くってすごくがんばってくれるんですけど、その後の月は、燃え尽きるのか安心するのか、急に勢いがなくなっちゃうんですよね」進賀店長が言います。

「分かる、分かる。うちの店もそうだよ」多くの店長が同調しました。

「やっぱり、実績はスタッフのモチベーション次第で変わるってのはあるよね」

「そういえば、福島店長は月末の追い込みの詰めをしないと聞きましたよ」

「え？　確かにそんなにしませんね」急に話が回ってきたので、思わず素直に答えてしまいました。

「どうしてなんです？」

「それは、がんばらなくても実績の出ているお店を目指しているからでしょうか。スタッフのみんなには、楽して稼げる店にしたいとは話していますよ」

「何ですか、それ。そんなにうまくいくもんですか？」

みなさん、私を疑いの目で見ています。そこで私は、「これが正解なのかは分かりませんが……」と前置きをしつつ、自分の考えを伝えました。

「月末にいつも考えるのは、今月の数字をどうやって作るかではなく、来月に向けて何をしようかということ。ですから、今月の数字は、先月考えたことの結果としてしか考えていないかもしれません。

スタッフたちには、目標の数字そのものよりも、なぜこの数字をやらないといけないかという理由をしっかり伝えることを大事にしています。売上目標を大きく超えそうなときは、当然みんなで喜んでほめますが、『がんばりすぎないで大丈夫。大事なのは、同じことを継続できる力をつけることだから』と、あえてがんばりすぎないブレーキをかけることもしています。
大事にしているのは〝**やる気よりも、やること**〟。やる気を出さずとも、やることをきちんとできる環境をつくることでしょうか」

「がんばって作った実績は継続できない」これが私の持論です。

激流の川に入ったときのことを想像してみてください。

その場に踏みとどまろうと思うと、どうでしょう。流れに逆らい続けなければなりません。泳いでいる状態であれば、なお体力を消耗してしまう。継続することと自体が難しいことであり、そこに楽する仕組みがなければ、いつかは力尽きてしまうと思うのです。

激流のなかに「楽する仕組み」をつくるとすれば、どんな工夫があるでしょう?

つかまるものを置いたり、流れをせき止める堤防をつくるのもいいでしょう。

それがチームであれば、全員が横一線に並ぶのではなく、縦に並ぶ陣形を組めば、先頭に立つ人以外の体力は温存できます。そして、後方で状況を見ているスタッフが、激流にふんばっている前線部隊に「目の前の棒につかまれば楽だよ」「あと100メートル流されると谷底へ落ちる滝壷があるので注意」などとアドバイスや戦略を伝えることができます。

このようにして、店長やマネージャーが「どう楽するか」という仕組みを考えてあげることで、継続できる組織をつくることができると思います。

目先の数字に追われる気持ちも分かります。しかし、がんばりすぎない環境をつくることが、中長期的に安定した結果を残すためには必要なのです。

経営は永遠に続きます。がんばる理由をスタッフが理解していて、かつ楽する方法も教えていれば、「がんばりすぎずに」と伝えても、手を抜くことはありません。

がんばりすぎない環境をつくることは、がんばれる環境をつくることとイコールなのです。

MANAGER'S NOTE
店長のノート30

## やるべきことを
## きちんとできる
## 環境をつくっていますか？

・がんばって作った実績は継続できない。

・経営は永遠に続く。持続可能な組織をつくろう。

・やる気を出さずとも、やることをきちんとできる環境をつくろう。

# 31

# 自分の役割を再確認する

「右向け右！　左向け左！」

ひと昔前の軍隊教育では、逆らうことなどできない環境下で、教官、監督、教師など、上からの指示には絶対的に服従する精神で組織が動いていました。

しかし現代では、そのようなやり方で統率をとるのは難しくなっています。

「なんでみんな他人ごとなの？　もっと主体性を持とうよ」

これが昨今、人を管理する立場にある方の悩みのひとつなのではないでしょうか。私も感じているそんな悩みを納得させる、心理学の話を見つけました。

1964年に米国で発生したキティ・ジェノベーゼ事件をご存じでしょうか？

とある深夜、キティ・ジェノベーゼという若い女性が自宅アパート前で暴漢に襲われました。彼女は叫び声をあげて必死に抵抗しました。犯人はいったんその場を立ち去ろうとしましたが、誰も出てくる気配がないので、30分にわたる強姦を続け、ついに女性は殺されてしまいました。

ここで注目されたのは、事件そのものではありません。事件後の近隣住民に聞いてまわったところ、なんと38名もの人が女性の悲鳴を聞いていたにもかかわらず、何もしなかったという調査結果です。多くの人は「これだけ大きく騒いでいるので誰かが通報しているだろう」と思ったそうです。

心理学者のビブ・ラタネ博士とジョン・ダーレイ博士は「多くの人が気づいたからこそ、誰も行動を起こさなかった」という仮説を立て、これを「傍観者効果」と発表しました。

目の前で発作を起こした人がいたら、どれだけの人が助けるのかという実験によると、目撃者が一人の場合は約80％の人が助けるのに対して、その場に6人以上の人がいると、救助してもらえる確率は約30％にまで下がるそうです。

この「傍観者効果」が起こるのは、次の3つが要因とされています。

**①多元的無知（多数の無知）**……周りが積極的に行動しないことによって、事態は緊急性を要しないと考える心理。

**②責任分散**……自分一人の場合、責任は自分が背負うことになるが、多くの人がいれば責任も分散されるという心理。

**③評価懸念**……行動を起こしたとき、その結果に対して周囲からのネガティブな評価や恥をかくことを気にする心理。

このような傍観者効果は、周囲の人数が増えるほど、または、自分よりも有能な人がいるときほど顕著にみられるそうです。

仕事においても同様です。会社が何か問題に直面したとき、それをみんなの前で指摘するだけで、具体的な対策や行動をとろうとしないスタッフが多い職場やチームは要注意です。そんなときには、この傍観者効果の心理がはたらいていると考えていいでしょう。

私は、できるだけ一対一での問題共有を大切にしています。朝礼やミーティングで全体に共有はしますが、それだけでは終わらせず、その後に一人ひとり時間をとって、やってもらいたいことについて伝えています。

ただし、自分一人で十分な管理のできる人数には限りがあります。経験からいって、せいぜい6人程度と考えています。

そこで、私が組織づくりの際に必ず行うセオリーがあります。

まず、最大6人ずつのチーム編成です。そのなかでリーダーを決めて、メンバーへの問題共有はリーダーから話してもらうようにしています。

それでも30%ほどしか反応してもらえないという実験結果も出ていますので、メンバーから傍観者意識をなくすために、メンバー全員に必ず担当リーダーの役割を持ってもらうようにしています。

チームリーダーの下に、各担当リーダーがいるという組織図です。これによって、問題が発生したときに誰に頼めばいいかが明確になりますし、その問題に対して当事者意識をもって取り組むスタッフが、少なくとも一人はいることになります。

もし、あなたが見知らぬ人の周りでピンチに追い込まれ、誰かに助けを求めたいときには「誰か助けてください」と言っても効果が低いということを覚えておくといいかもしれません。

そんなときには「そこの眼鏡をかけたスーツのあなた、急いで救急車を呼んでください」というように、**「誰に」「何を」「どうしてほしい」のかを的確に指示しなければ伝わらないものなのです。**

仕事も同じと考えると、何かヒントがあるように感じます。

MANAGER'S NOTE
店長のノート31

## あなたのチームには傍観者意識を当事者意識に変える仕組みはありますか？

・チーム戦でないと生き残れない時代。

・「みんな」ではなく「あなた」へ伝えよう。

# 32

# 新しい「驚き」を与える

「そんなこと、何度も言われなくても分かっているよ」

学校や職場、あるいは家庭でも、つい口に出してしまいたくなる言葉です。

「やらなければいけない」と分かっていてもなかなかできないのだとしたら、そこには、モチベーションが大きくかかわっている気がします。

毎日、毎週、毎月、やらなければいけないことは変わりません。そんななかでみんなのモチベーションを保ち続けるには、どうしたらよいのでしょうか。

「店長、ちょっと次のミーティングでみんなに共有したい取り組みをまとめたので見てもらえますか？」

販売リーダーの馬名さんから、いつものように相談がありました。

「いいですよ。じゃあ会議室でじっくりと話しましょう」この時間を私はいつも大切にしています。

「まずは、今月の目標はこれでいきたいと思います」馬名さんから説明が始まりました。ひととおり話を聞いて、私はコメントします。

「なるほど、目標はこれでいいよね。さすが、数字はよく把握しているね。問題は、その目標をこうやって達成するんだというところまで見せなければ、みんななかなか動いてはくれないんだよね」

「はい、そう言われると思って、『お客様へのお声かけを先月の2倍増やす』という取り組みをやっていますし、スタッフ同士でも声をかけ合うようにはたらきかけようと考えています」

「確かに、それは大事なことだよね。やったほうがいい。大賛成する。確かに、2倍がんばることができれば売上も比例して伸びるはずだと思うよ。

ただ、売れるためにお声かけを増やす、声をかけ合うというのは、どのお店でもやっていることで、やらなければいけないというのは、誰もが分かっていること。新鮮味が感じられない取り組みに、みんなのやる気は、どこまであがるのだろうかと僕は考えるんだ」

「じゃあ、どう考えたらいいんですか？」不満そうに聞き返します。

「これは私の持論なんだけれども、みんなにモチベーションを高めて動いてもらうためには、これまでにない新しい提案を示して、驚かせることが必要だと思うんだ」

「だから店長の話はいつも突拍子もないんですか（笑）。もう慣れてきましたけど、最初に店長が来たばかりの頃は、この店長は突然に何を言いはじめるんだと驚かされてばかりでしたよ。話を聞いていくと納得できるんですけど……それって狙ってやってたんですか？」

「うん。狙ってやってた。前にね、こんなことをスタッフから言われたことがあるんだ。前のお店でのことなんだけど……」

私は、同じようにリーダースタッフと取り組みの打ち合わせをしていたときの話をしました。

その店では、まだどのお店もやっていない新しい取り組みのことをいつしか「実験」といって楽しんでいました。

「じゃあ、今月の取り組みに関する振り返りを教えて？」という私からの問いかけに、店のスタッフはこう返してきました。

「うちの店は、もうこんなことまでやってるもんね。まだまだうまくいってないけど(笑)。実験、実験♪」

そう嬉しそうに話すスタッフから、私は自信を感じることができました。

このお店での体験から、私は、**新鮮さのある独自の取り組みが、日々繰り返される仕事に刺激を与え、自信とやる気につながっていく**のだと思いました。

「分かりましたよ。私も店長の実験に付き合います」馬名さんは言いました。

「いやいや新しい実験を考えるのは、君たちだよ。店長は助手だから、失敗しそうなときは助けるから、思いきって新しいことにチャレンジしてみてよ」

そう促しながら打ち合わせを終了しました。

教育とは読んで字のごとく、「教える」「育てる」の2つの意味があります。「教える」と「育てる」の違いは、「聞かせる」と「理解させる」の違いなのだと思います。一人ひとりが自分の頭で考えるような指導ができれば、それは「理解する」につながるはずです。

ですから、**まずは興味を持たせるために「驚かせる」**。人はこれまで当たり前と思っていたことを崩されると、反論や質問があがります。

質問をさせることは「育てる」につながりますので、驚かせることで、自ずと「育てる」方向に導くことができると考えるのです。

そして大事なのは、**「なぜ」それをしないといけないかという「理由」を話す**ことです。理由も分からず、驚かすようなことだけを言っても、人は動いてくれませんよね？

さらにそれを自分事として考えてもらうために、**「誰に」「何を」してほしいのかまでを伝える**ことを大事にしています。

このステップが、日常的な仕事をマンネリ化させずにモチベーションをあげるための仕組みと考えています。

ただし、これは私の方法でしかありません。人がどうすればやる気を出すかなんて、言ってしまえば十人十色です。

ですから自分のモチベーション論に執着するよりも、それぞれが「どこまで理解」していて、「どんなことでがんばれる」のかを分かってあげて、そこに応じたモチベーションの引き上げ方をプランすることが、スタッフを動かす立場にある店長やマネージャーにとっては大事なことだと思います。

だから私はモチベーションのあがらないスタッフに平気でこんなことを言ったりします。

「今日はサボろうか？　仕事なんてやってられんわ」

スタッフからは「絶対に言えない言葉」を店長自らが代弁してあげるだけで気持ちが楽になり、がんばれる人もいるんです。本当ですよ。

MANAGER'S NOTE
店長のノート32

## あなたはスタッフを
## 新しい発想に
## チャレンジさせていますか？

・新しいは、難しい。新しいは、楽しい。

・変化を起こすのは、いつも行動できる人。

# 33

# 使命感で働く

行動を起こさせ、目標に向かわせる心理的な過程を動機づけといいます。

この動機づけには、報酬や物品による「外発的動機づけ」と、その人にとっての達成感や充実感など内的な要因に基づく「内発的動機づけ」があります。

とくにチームのやる気があがらないときには、「外発的動機」の最たるものである報奨金に頼ってしまいたくなりますが、安易に報奨金には頼らないほうがいいなと感じた有名な実験を紹介します。

1971年にアメリカの心理学者エドワード・デシが行った実験です。

実験の参加者は大学生で、2つのグループに分かれて行いました。

それぞれのグループには〝ソマ〟というパズルを課題として与えます。

〝ソマ〟とは7種類のブロックを組み合わせて飛行機、動物などの立体モデルを作る遊びで、実験では5種類のモデルが用意されました。

30分間で課題をやらせて、8分間の休憩を挟み、再び課題をやらせます。休憩時間にはトイレに行っても、雑誌を見ても、おしゃべりをしても、何をしてもいいことになっています。

そして、ひとつのグループには正解に対して金銭的報酬が支払われましたが、もうひとつのグループには何の報酬も支払われないという条件で行いました。

ここで注目したのは、休憩時間の2つのグループの行動です。報酬を与えられたグループの大半は休憩時間に別のことをやり、報酬を与えられなかったグループは、多くの人が休憩時間にも熱心にパズルを解こうとしていたのです。

報酬を与えられなかったグループのほうが熱心にパズルに取り組むことから、**人は基本的に、金銭的な報酬よりも、自らが楽しい、充実していると思えることによって強く動機づけられる**というのです。

なぜこのような差ができたのでしょう？　それは、報酬を与えられたグループは報酬が与えられることでお金が動機となったため、報酬をもらえない休憩時間は遊んでいたのに対し、報酬を与えられなかったグループはパズル自体の面白さが動機となったため、休憩時間も熱心にパズルを解くようになったのです。

有名なモチベーション理論に「アメとムチ」があります。昔から言われているこの方法は「内発的動機」「外発的動機」のどちらになるかというと、私は「外発的動機」にあたると考えます。結局、アメは報酬によって、ムチは恐怖によって人を動かすわけで、その存在がないと、たちまち機能しなくなるからです。身近な例でいえば、「店長がいない日はサボる」「先生が見ていないときはズルをする」というのと同じです。

内発的動機づけの究極は何でしょうか？　本書最後のエピソードです。

２０１１年の東日本大震災。当時の話をある東北の店長から聞きました。

震災の翌日、水も電気も通信も止まって、自分の家も崩壊。家族・親戚の安否も分からないという状況下で、店長は自分の職場であるドコモショップへ行ったそうです。

すると、そこにいたのは同じような気持ちで集まったスタッフたちでした。

みんなで瓦礫を片づけながら、使えるものを集めて、お店の駐車場に机を並べて、充電が切れてお困りのお客様、携帯電話が壊れてしまって連絡のとれないお客様、「もしかしたらメールが入っているかもしれない。何とか電源が入るようにしてほしい」そんなお客様のライフラインを少しでも回復できるようにと、スタッフたちは誰に言われるでもなく、お店に集まっていました。

お風呂に入れず、着替えもなく、食べ物も十分でない、そんな状況です。

店長は、集まったスタッフたちに聞いたそうです。

「なんで、みんなこんな状況なのに仕事に来たの？」

どのスタッフからも口をそろえて出てきたのは、同じ言葉だったそうです。

## 「とにかく使命感だけです」

それを聞いて、店長は泣いてしまったそうです。

「私たちにしかできないことだから」「みんなもきっと来ていると思って」

それは、自分がやらなければという「使命感」というものでした。

損得抜きの、誰かのためにという使命感です。

動機づけの最上位にあたるものは「自己実現」といわれています。自分の能力を引き出し、自分の想いを実現しながら創造的に活動したいという欲求です。

でも私はその先があると思うのです。自分のことだけでなく、たとえ自分に利益がなくても、それをやらなければならないと思う心、すなわち「使命感」です。

「自分のためでなく、誰かのために」という動機で働ける人を一人でも多く増やすことが、いまの世の中に求められているのではないでしょうか。

そのためには、「ありがとう」の言葉と思いやりの精神を育てることが必要なのだと考えて、私は毎日お店に立っているのです。

MANAGER'S NOTE
店長のノート33

## あなたは、何のために働いていますか？

・心はマニュアルでは育たない。

・やり方ではなく、あなたのあり方を変えよう。

# あとがき

自分の仕事に対する考えをまとめた著書『ぼくが教えてもらった「仕事で大切なこと」』を出版してから7年が経ちました。この本は予想外に（?）売れて、何度も増刷がかかり、さらには『「ありがとう」があふれるお店の新米店長のノート』とタイトルを変えて、内容を加筆した増補改訂版まで出すことができました。そしてこの間に、私はさらに5店舗のショップ店長を経験し、仕事へのスタイルも少し変わってきたように思います。

7年前と比べて何が変わったかというと、スタッフへのかかわり方、マネジメントに対する考え方が変わってきたと感じています。

マネジメントには、大きく2つの要素があると思います。

ひとつめが、数字を管理するマネジメント。
2つめが、人を管理するマネジメントです。

数字面でのマネジメントは（より精緻になっているとはいえ）いまも昔も大きくは変わりませんが、人的マネジメントは大きく変わりつつあるように思います。なぜなら、そこで働く人たちのメンタル面が変化しているからです。

新しく入ってくる新入社員にしても、5～6年前に入っていまやリーダー格に育っている中堅やベテランにしても、責任感は強いのですが、その一方で、繊細なメンタルを持つ社員が増えていると感じます。

また、ひと昔前まで、「男子たるもの」「女子たるもの」「ビジネスマンたるもの」といった「かくあるべし」的な理想像が広く共有され、それに合わせた指導もできたのですが、いまは人によって理想のイメージも多様化しています。そうなると、マネジメント手法も多様化せざるを得ないのでしょう。

本書でご紹介してきた、さまざまなマネジメントにおける考え方も、「これですべて」といえるものではまったくないはずです。

いまこそマネジメント手法を見直し、個々で勉強し直さなければならない時期なのかもしれません。

部下や後輩たちとのかかわり方が変わってきた一方、変わらないものもあります。それは自分自身が大切にする「仕事の本質」です。

これは一度気づいてからは変わることのない、根本にあるものです。

私が大切にする仕事の本質は、「人のために動く」ということでしょう。

「奉仕」「貢献」「協力」「助け合い」「感謝」「思いやり」すべて含めて、周りのためにというスタンスです。

ここでもう一度、私の考える理想の働き方をお伝えします。

今日の多様化した世の中では、誰か一人のアイデアやエースの販売力だけで勝ち残ることは難しくなりました。まさにチーム戦が求められる時代なのです。

チーム戦で大切なこと。
それは、周りの仲間を気にかけることです。
助け合い、感謝し合うチームでなければ、
この先、生き残ることはできないでしょう。

そんななかでも、「ありがとう」は、誰に対しても必ず効く魔法の言葉です。
「ありがとう」の言葉を正しく理解してみんなで使っていくことが、チームを機能させていくうえで大切なことだと思うのです。

このように「自分の実体験を通して身につけ、日々実践している理論」のことを「持論」と考えます。そしてそれは仕事だけに活きるものではなく、家庭や友人、恋人、地域活動など、人とのかかわりがある場面であれば必ず活きてくるものだと思います。

なかでも、人とのかかわりがもっとも多いであろう「職場」で、みなさんもみなさんなりの持論を見つけてみてほしいのです。

持論を持つためには、とにかく生の実体験を積みながら、失敗体験と成功体験を積み上げていくしかありません。

「成功の反対は何？」
「成功の反対は、何もしないこと」

これは、これから新たなことを学んでいってもらう新入社員にいつもかける言葉ですが、学びを忘れないために、自分自身にも言い聞かせる言葉です。

この本を書き上げるときに、同じエリアで働く同僚の首道店長からこんな質問をされました。

「これ、自分が店長になりたてのときに、いろいろな店長に聞いて回っていた質問なんですけど、福島店長にも聞いてみてもいいですか？」

「何ですか？　うまく答えられるかな？　心配だけど、どうぞ」

「では、3つあるので全部に答えてくださいね。ひとつめ。〝**店長とは？**〟と聞かれたら何と答えますか？」

**「店長とは……お店の鏡である」**私は即座に答えました。

何か問題が起きたときに、スタッフの能力の低さを理由にしたり、失敗を責めたりしたくなるかもしれない。理由も分からず辞めていく社員が出てきたり、お客様から「この店は雰囲気が悪い」と言われたり。あだ名で呼び合う風土も、きちんと礼儀正しい振る舞いができるかどうかも、きれいに片づいたお店も、そうでないお店も、すべては店長次第。いま目の前で起きていることは長の名のつく責任者がつくっている世界。自分を写した鏡の世界です。

「2つめ。〝**店長に必要なことは何ですか？**〟」

少し前までは「マメさ」と答えていましたが、いまはこう考えます。

**「経験に基づいたブレない持論を持つこと」**

厳しい指導も、優しい指導も、それを誰に対しても公平に行うことができて、信頼関係を築けていけるのならいいと思うのです。ある一部の人や、自分の考えを理解してくれる人とばかり仕事をしていては一部の信頼関係しか築けません。大切なのは、どんな人にもブレない信念を伝え、理解を得られるかどうか。そのためには自分の信じる持論を持つことが必要なのです。

「3つめ。〝**理想の店長とは？**〟」

私の答えは、**「人の価値を高められる人」**です。

仕事を通して得られる究極のものは、人間成長だと思うのです。仕事を続けていれば、自然と技術は高まり、人間関係の幅も広がります。それに合わせて、人としての成長がなければ、その人の価値を高められたとはいえません。

仕事のノウハウより、人として大切なことを教えてあげられるかが重要です。

なぜなら「尊敬する人は？」と考えたときに、「仕事ができる人」「高い技術を持っている人」であることよりも「自分を成長させてくれる人」というのが、最終的に、尊敬に値する価値基準なのではないかと考えるからです。

人は自分を成長させてくれる人に尊敬を抱くもの。だからこそ、人を預かり、指導する立場にあるのなら、人の成長に影響を与えられる存在でありたい。私はそう願っています。

ただし、これらは現時点での私の考え方です。もしかしたら、数年後には、まったく別のノウハウを手に入れているかもしれません。

**「仕事は自分を成長させてくれるもの」**。そんなことを考えながら、今日も現場で現役店長として奮闘しています。

ご購読いただいたみなさま。本書を最後までお読みいただき、ありがとうございました。

この本が少しでも誰かの成長の参考になっていただければ幸いです。

2016年6月　福島雄一郎

巻末付録

# 店長のノート

MANAGER'S NOTE

店長のノート01

## あなたの会社に必要な「人財」とは、どんな人？

・社員は会社の見えない財産。

・あなたの業界の労働分配率はどのくらいだろう。

・「ありがとう」と言われる人財とはどんな人か、考えてみよう。

店長のノート02

## スタッフにとって、店長であるあなたはどんな存在ですか？

・愛情をもってスタッフを育てているだろうか？

・スタッフにとって、職場は一日の大半を過ごす、もうひとつのわが家。

・親のおかげで自分があるように、先輩や同僚のおかげで社会人としての自分がいる。そのことを意識して、後輩や新人に接しよう。

MANAGER'S NOTE

店長のノート03

## 誰かの片づけに気づいて、「ありがとう」と伝えていますか？

・5Sとは「整理・整頓・清潔・清掃・しつけ」。

・5Sが崩れるとき、職場も崩れる。

・朝来たときよりも、帰るときのほうが美しい——そんな職場にしよう。

店長のノート04

## あなたの職場では、どんなあいさつが交わされていますか？

・あなたの職場で交わされるあいさつは、5段階評価のどのレベルにあるだろうか？

・あいさつは仕事。「正しい」あいさつをしよう。

・あいさつは尊重。相手の立場に立って考えよう。

MANAGER'S NOTE

店長のノート05

## あなたの職場に、あいさつのルールはありますか？

・相手を尊重する気持ちの有無は、口に出さなくても相手に伝わる。
・不機嫌な気分や感情も、やはり相手には伝わる。
・あなたの言葉ひとつで、周りの反応は変わる。

店長のノート06

## 毎日、人にどんな気持ちであいさつをしていますか？

・相手を思いやる心を、口に出して言ってみよう。

MANAGER'S NOTE

店長のノート07

## 「心づかい」「思いやり」かたちにして相手に伝えていますか？

・相手を気づかう気持ちは、言葉にしないと伝わらない。

店長のノート08

## 自分の人生時間、無駄づかいをしていませんか？

・誕生日は、その人と今ここで一緒にいられることを感謝する日。

・“時は金なり”ではなく、“時は命なり”。

・大切なのは、人生で「いくら稼いだか」よりも、人生で「何をしたか」。

MANAGER'S NOTE

店長のノート09

## あなたの部下の誕生日とフルネーム、何も見ずに言えますか？

・名前で呼びかけること、相手の情報がそらで出てくることは、信頼関係の第一歩。

店長のノート10

## あなたの人生時間は、いま何時ですか？

・過去も大事。未来も大事。今も大事。

・人生は一生に一度だけ。

・40代、50代を過ぎても、人生時間はまだこれからだと考えよう。

MANAGER'S NOTE

## 店長のノート11

### あなたのために時間を使ってくれた人に「ありがとう」と伝えていますか？

・みんな自分の大切な時間を使って働いている。
・協力は、時間の貸し借りと考えてみよう。

## 店長のノート12

### あなたのチームにはいま、協力の輪ができていますか？

・協力＋協力＝団結。団結は、協力の足し算。
・最近、誰かに「ありがとう」と言われる行動をしただろうか？
・あなたのチームに一致団結が生まれたのはどんなときか、思い出してみよう。

MANAGER'S NOTE

店長のノート13

## あなたの職場では、助け合い、感謝し合う言葉がとびかっていますか？

・迷惑をかけたら謝る。良いことをしてもらったら感謝する。

・仕事とは「奉仕」と「感謝」のくり返し。

・世の中は、助け合いでできている。

店長のノート14

## あなたは毎日、感謝の言葉を使っていますか？

・世の中で一番大切にしたい言葉は「ありがとう」。

・「ありがとう」は何度言っても、人を嬉しくさせる。

MANAGER'S NOTE

店長のノート15

## あなたが「幸せ」なのは どんなときですか？

・いつも相手のことを考えていると、相手も自分も幸せになれる。

・自分のことしか考えない発言や行動は、周りの人を辛くする。

店長のノート16

## どんなときでも「ありがとう」という心で 人に接していますか？

・忙しいときは、それをプラスのイメージで表す。

・真ん中に「心」があるのが愛。

・「ありがとう」は愛の基本。

MANAGER'S NOTE

店長のノート17

## あなたのチームは、何かで一番を目指していますか？

・自分のやりたいことにゴールはない。

・結果も大事。プロセスも大事。

・せっかくがんばっているなら、一番を目指してみよう。

店長のノート18

## 「よく働く人」「普通に働く人」「できない人」あなたはどれに当てはまりますか？

・無駄なことに新たな価値のヒントがある。

・完璧なチームにこだわるのではなく、このメンバーで結果を出そう。

MANAGER'S NOTE

## 店長のノート19

### あなたの仕事は、周りを楽にしていますか？

・働くとは、ハタ（周り）を楽にすること。

・誰かが働いているときは、進んで手伝おう。

## 店長のノート20

### あなたの思いは、みんなに伝わっていますか？

・人の考えを浸透させるには、何回でも、何十回でも言い続ける。

・伝わらなければ、相手は動かない。

・時間をかけてでも、粘り強く伝え続けよう。

MANAGER'S NOTE

店長のノート21

## スタッフはあなたに本音を話してくれていますか？

・「なぜ？」は理由を聞く言葉。
・「どうしたの？」は気持ちを聞く言葉。
・感じたことを素直に伝えてみよう。

店長のノート22

## スタッフをほめていますか？

・ダメな指導者はいても、ダメな生徒はいない。
・自分のものさしで部下を測ろうとしない。
・「ほめること」「結果を出すこと」は分けて考えよう。

MANAGER'S NOTE

店長のノート23

## スタッフの心に響く ねぎらいの言葉をかけていますか？

・ねぎらいに結果は関係ない。

・当たり前と思っていることでも、ねぎらおう。

店長のノート24

## あなたはいま、どこを見て 仕事をしていますか？

・上司の才能とは「部下の力を何％引き出せるか」にある。

・上機嫌は職場の雰囲気を良くし、不機嫌は悪くする。

・上の顔色よりも、現場を見て仕事をしよう。

MANAGER'S NOTE

店長のノート25

## 部下や同僚から「ありがとう」の言葉を
## どれだけもらっていますか？

・上司の周りは人の集まる場所。

・信頼は、話すことで高めることができる。

・上司と部下が話しやすい環境をつくろう。

店長のノート26

## 新しいことにチャレンジする人を
## 応援していますか？

・年の数よりも、経験の数。

・無難に生きるよりも、有難いと生きよう。

MANAGER'S NOTE

店長のノート27

## 「失敗してくれてありがとう」と言えますか？

・100のアドバイスより1つの失敗。

・失敗はチャレンジの結果。

・失敗は責めない。やらなかったことを責める。

店長のノート28

## 「売ろう」「指導しよう」という気持ちが前に出すぎていませんか？

・販売のキモは、2つの扉を開くこと。

・人は強制されると心理的に拒みたくなる。

MANAGER'S NOTE

店長のノート29

## あなたの話は相手の心に伝わっていますか？

・人は納得しないと動けない。お客様もスタッフも同じ。

・結局のところ決めるのはお客様であり、本人。

店長のノート30

## やるべきことをきちんとできる環境をつくっていますか？

・がんばって作った実績は継続できない。

・経営は永遠に続く。持続可能な組織をつくろう。

・やる気を出さずとも、やることをきちんとできる環境をつくろう。

MANAGER'S NOTE

店長のノート31

## あなたのチームには傍観者意識を当事者意識に変える仕組みはありますか？

・チーム戦でないと生き残れない時代。

・「みんな」ではなく「あなた」へ伝えよう。

店長のノート32

## あなたはスタッフを新しい発想にチャレンジさせていますか？

・新しいは、難しい。新しいは、楽しい。

・変化を起こすのは、いつも行動できる人。

MANAGER'S NOTE

店長のノート33

## あなたは、何のために働いていますか?

・心はマニュアルでは育たない。

・やり方ではなく、あなたのあり方を変えよう。

MANAGER'S NOTE

# お客さまにもスタッフにも愛されるお店の「ありがとう」の魔法

発行日　2016年　8月　15日　第1刷

Author　福島雄一郎

Book Designer　小口翔平 ＋ 上坊菜々子（tobufune）
Illustrator　紙野夏紀

Publication　株式会社ディスカヴァー・トゥエンティワン
〒102-0093　東京都千代田区平河町2-16-1 平河町森タワー11F
TEL　03-3237-8321（代表）
FAX　03-3237-8323
http://www.d21.co.jp

Publisher　干場弓子
Editor　千葉正幸

Marketing Group
Staff　小田孝文　中澤泰宏　吉澤道子　井筒浩　小関勝則　千葉潤子
飯田智樹　佐藤昌幸　谷口奈緒美　山中麻吏　西川なつか　古矢薫
原大士　郭迪　松原史与志　中村郁子　蛯原昇　安永智洋　鍋田匠伴
榊原僚　佐竹祐哉　廣内悠理　伊東佑真　梅本翔太　奥田千晶
田中姫菜　橋本莉奈　川島理　倉田華　牧野類　渡辺基志
庄司知世　谷中卓

Assistant Staff　俵敬子　町田加奈子　丸山香織　小林里美　井澤徳子　藤井多穂子
藤井かおり　葛目美枝子　伊藤香　常徳すみ　イエン・サムハマ
鈴木洋子　松下史　片桐麻季　板野千広　阿部純子
岩上幸子　山浦和　小野明美

Operation Group
Staff　池田望　田中亜紀　福永友紀　杉田彰子　安達情未

Productive Group
Staff　藤田浩芳　原典宏　林秀樹　三谷祐一　石橋和佳　大山聡子
大竹朝子　堀部直人　井上慎平　林拓馬　塔下太朗　松石悠
木下智尋　鄧佩妍　李瑋玲

Proofreader　文字工房燦光
DTP　濱井信作（株式会社コンポーズ）
Printing　大日本印刷株式会社



ISBN978-4-7993-1943-7　